土木建筑大类专业系列新形态教材

建筑工程经济

熊 燕 李雪梅 主 编

清华大学出版社
北 京

内 容 简 介

本书引入"全过程工程咨询服务"理念，采用项目式编写模式，内容包括工程与经济、资金的时间价值、工程经济分析指标、建设项目工程经济分析、投资方案比选、设备工程经济分析和价值工程，突出能力与应用相结合，使本书能更好地适应当前建筑工程经济课程教学发展的需要。本书文字通俗易懂，论述由浅入深、循序渐进，围绕实际案例讲解，注重知识与能力并进。

本书可作为高职院校工程造价专业及相关专业方向的专业教材，也可供从事相关专业的施工、造价等工程技术人员参考学习。

本书封面贴有清华大学出版社防伪标签，无标签者不得销售。
版权所有，侵权必究。举报: 010-62782989, beiqinquan@tup.tsinghua.edu.cn。

图书在版编目（CIP）数据

建筑工程经济/熊燕,李雪梅主编. --北京:清华大学出版社,2025.1.
（土木建筑大类专业系列新形态教材）. --ISBN 978-7-302-67902-8
Ⅰ.F407.9
中国国家版本馆 CIP 数据核字第 2025MB2637 号

责任编辑: 杜　晓　鲜岱洲
封面设计: 曹　来
责任校对: 刘　静
责任印制: 刘　菲

出版发行: 清华大学出版社
网　　址: https://www.tup.com.cn, https://www.wqxuetang.com
地　　址: 北京清华大学学研大厦A座　　邮　编: 100084
社 总 机: 010-83470000　　邮　购: 010-62786544
投稿与读者服务: 010-62776969, c-service@tup.tsinghua.edu.cn
质量反馈: 010-62772015, zhiliang@tup.tsinghua.edu.cn
课件下载: https://www.tup.com.cn, 010-83470410
印 装 者: 三河市君旺印务有限公司
经　　销: 全国新华书店
开　　本: 185mm×260mm　　印　张: 10.25　　字　数: 233千字
版　　次: 2025年1月第1版　　印　次: 2025年1月第1次印刷
定　　价: 49.00元

产品编号: 105392-01

序

建筑业作为我国国民经济的重要支柱产业,在过去几十年取得了长足的发展。随着科技的进步,建筑业正处于转型升级的关键时期。工业化、数字化、智能化、绿色化成为建筑行业发展的重要方向。例如,BIM(Building Information Modeling)技术的应用为各方建设主体提供协同工作的基础,在提高生产效率、节约成本和缩短工期方面发挥重要作用,在设计、施工、运维方面很大程度上改变了传统模式和方法;智能建筑系统的普及提升了居住和办公环境的舒适度和安全性;人工智能技术在建筑行业中的应用逐渐增多,如无人机、建筑机器人的应用,提高了工作效率、降低了劳动强度,并为建筑行业带来更多创新;装配式建筑改变了建造方式,其建造速度快、受气候条件影响小,既可节约劳动力,又可提高建筑质量,并且节能环保;绿色低碳理念推动了建筑业可持续发展。2020年7月,住房和城乡建设部等13个部门联合印发《关于推动智能建造与建筑工业化协同发展的指导意见》(建市〔2020〕60号),旨在推进建筑工业化、数字化、智能化升级,加快建造方式转变,推动建筑业高质量发展,并提出到2035年,"'中国建造'核心竞争力世界领先,建筑工业化全面实现,迈入智能建造世界强国行列"的奋斗目标。

然而,人才缺乏已经成为制约行业转型升级的瓶颈,培养大批掌握建筑工业化、数字化、智能化、绿色化技术的高素质技术技能人才成为土木建筑大类专业的使命和机遇,同时也对土木建筑大类专业教学改革,特别是教学内容改革提出了迫切要求。

教材建设是专业建设的重要内容,是职业教育类型特征的重要体现,也是教学内容和教学方法改革的重要载体,在人才培养中起着重要的基础性作用。优秀的教材更是提高教学质量、培养优秀人才的重要保证。为了满足土木建筑大类各专业教学改革和人才培养的需求,清华大学出版社借助清华大学一流的学科优势,聚集优秀师资,以及行业骨干企业的优秀工程技术和管理人员,启动BIM技术应用、装配式建筑、智能建造三个方向的土木建筑大类新形态系列教材建设工作。该系列教材由四川建筑职业技术学院胡兴福教授担任丛书主编,统筹作者团队,确定教材编写原则,并负责审稿等工作。该系列教材具有以下特点。

(1) 思想性。该系列教材全面贯彻党的二十大精神,落实立德树人根本任务,引导学生践行社会主义核心价值观,不断强化职业理想和职业道德培养。

(2) 规范性。该系列教材以《职业教育专业目录(2021年)》和国家专业教学标准为依据,同时吸取各相关院校的教学实践成果。

(3) 科学性。教材建设遵循职业教育的教学规律,注重理实一体化,内容选取、结构安排体现职业性和实践性的特色。

(4) 灵活性。鉴于我国地域辽阔,自然条件和经济发展水平差异很大,部分教材采用不同课程体系,一纲多本,以满足各院校的个性化需求。

(5) 先进性。一方面,教材建设体现新规范、新技术、新方法,以及现行法律、法规和行业相关规定,不仅突出BIM、装配式建筑、智能建造等新技术的应用,而且反映了营改增等行业管理模式变革内容。另一方面,教材采用活页式、工作手册式、融媒体等新形态,并配套开发数字资源(包括但不限于课件、视频、图片、习题库等),大部分图书配套有富媒体素材,通过二维码的形式链接到出版社平台,供学生扫码学习。

教材建设是一项浩大而复杂的千秋工程,为培养建筑行业转型升级所需的合格人才贡献力量是我们的夙愿。BIM、装配式建筑、智能建造在我国的应用尚处于起步阶段,在教材建设中有许多课题需要探索,本系列教材难免存在不足之处,恳请专家和广大读者批评、指正,希望更多的同仁与我们共同努力!

胡兴福
2024年7月

前　言

目前，在国家大力推进和培育全过程工程咨询服务模式的背景下，"建筑工程经济"的教学方法亟待同步推进。本书本着"全过程工程咨询服务"的目标，以建筑工程经济中的时间价值、经济分析指标、成本与效益、方案比选等方面作为基本切入点，为全过程工程咨询服务提供验证基础，体现"新"的特色。

本书在编写过程中以职业教育中"能力本位，应用实证"为主线，针对"建筑工程经济"课程的特点，紧扣应用型人才培养的实际需要进行编排。在编写过程中，编者结合多年的教学经验以及建筑企业生产理论和实践要求，引入大量工程案例，着重将工程经济基本理论与建筑工程技术的实践方案相互渗透融合，引导学生触类旁通、学以致用，逐步提高解决实际问题的能力，突破了"建筑工程经济"课程理论晦涩难懂、实践运用方向不明确、对政策性条款难掌握的瓶颈。

本书的编写理念突出"应用"原则，具体表现在以下三个方面。

（1）本书以工程项目实际发生的经济元素为线索，系统性、逻辑性强，便于理解。

（2）例题、案例丰富，明确学以致用。各工程经济基本理论阐述完成后都有适量的例题，明确理论的运用方法及途径，此外每个项目都配有线上、线下学习资料和训练，帮助学生建立应用思维。

（3）图、文、表相结合。工程经济有很多理论晦涩难懂，通过表格、图形解释，帮助学生理解，易学易懂。

本书由江西现代职业技术学院熊燕、四川建筑职业技术学院李雪梅担任主编，由江西现代职业技术学院陈琳、四川建筑职业技术学院李和珊、江西省水利水电建设集团有限公司周林政、昆明冶金高等专科学校王馨苑担任副主编。其中，本书项目1由李雪梅和周林政编写，项目2、项目3由陈琳编写，项目4、项目5由熊燕编写，项目6由王馨苑编写，项目7由李和珊和陈琳编写。

本书在编写过程中得到了企业专家和兄弟院校老师们的热情帮助，他们均提出了许多宝贵意见，特在此表示感谢。鉴于编者水平有限，书中难免存在不妥之处，敬请广大读者批评指正。

编　者
2024年9月

目 录

项目1　工程与经济 ··· 1
 1.1　工程经济学概述 ·································· 1
 1.2　工程经济学的研究对象和基本原则 ············ 4
 1.3　工程全生命周期及相关评价 ···················· 6

项目2　资金的时间价值 ································· 9
 2.1　资金时间价值原理 ······························· 9
 2.2　资金等值计算 ···································· 17

项目3　工程经济分析指标 ····························· 29
 3.1　价值型指标 ······································· 29
 3.2　效率型指标 ······································· 36
 3.3　时间型指标 ······································· 48

项目4　建设项目工程经济分析 ······················· 52
 4.1　建设项目决策期工程经济分析 ················ 52
 4.2　建设项目运营期工程经济分析 ················ 80

项目5　投资方案比选 ··································· 93
 5.1　方案经济效果评价 ······························ 93
 5.2　不确定性分析 ··································· 104

项目6　设备工程经济分析 ···························· 113
 6.1　设备磨损 ·· 113
 6.2　设备工程经济分析 ···························· 121

项目7　价值工程 ·· 131
 7.1　价值工程基本原理 ···························· 131
 7.2　价值工程在建设项目中的应用 ·············· 151

参考文献 ·· 156

项目 1　工程与经济

中国古代丁谓建宫的故事，蕴含着技术与经济的思想。传说宋真宗在位时，皇宫曾起火。一夜之间，大片的宫室楼台、殿阁亭榭变成了废墟。

为了修复这些宫殿，宋真宗派当时的晋国公丁谓主持修缮工程。当时，要完成这项重大的建筑工程，面临着三个大问题：第一，需要把大量的废墟垃圾清理掉；第二，要运来大批木材和石料；第三，要运来大量新土。不论是运走垃圾还是运来建筑材料和新土，都涉及大量的运输问题。如果安排不当，施工现场会杂乱无章，城内正常的交通和生活秩序都会受到严重影响。

丁谓研究了工程之后，就运用了技术与经济相结合的原理：首先，从施工现场向外挖了若干条大深沟，把挖出来的土作为施工需要的新土备用，解决了新土问题。其次，从城外把汴水引入所挖的大沟中，就可以利用木排及船只运送木材和石料，解决了木材、石料的运输问题。最后，等到材料运输任务完成之后，再把沟中的水排掉，把工地上的垃圾填入沟内，使沟重新变为平地。

简单归纳起来，就是这样一个过程：挖沟（取土）→引水入沟（水道运输）→填沟（处理垃圾）。

按照这个技术方案，丁谓不仅用智慧"一举三得"修复了皇宫，节约了许多时间和费用，而且使工地秩序井然，最终用了一年半的时间就完成了皇宫的修缮，使城内的交通和生活秩序不受太大的施工影响。

思考：
1. 工程技术与经济的关系。
2. 工程经济学的研究对象。
3. 分析工程经济效果的基本原则。
4. 如何对建设项目工程全生命周期进行评价，有哪些评价方法？

1.1　工程经济学概述

1.1.1　工程经济学的概念

工程经济学（engineering economics）是在工程技术学科、经济学科及管理学科的基础上发展起来的一门新兴学科;是应用工程学、经济学和管理学的一个组成部分;是工程与经济的交叉学科,是应用经济学的一个分支。它是根据现代科学技术和社会经济发展的要求,利用经济学的原理,从经济学角度解决技术方案问题的一门学科。它是介于自然科学与社会科学之间的边缘学科,是根据现代科学技术和社会经济发展的需要,在自然科学和社会科学的发展过程中,各学科互相渗透、互相促进、互动交叉逐渐形成和发展起来的。这是工程经济学区别于其他经济学的显著标志。下面对工程经济学中涉及的有关名词作进一步介绍。

1. 工程技术

"工程技术"是与工程概念紧密相关的科学、技术。"科学"是人们对客观规律的认识和总结,而"技术"则是人类改造自然的手段和方法,是应用各种科学所揭示的客观规律进行各种产品开发、设计和制造所采用的方法、措施、技巧等的总称,其目的是更好地改造世界,为人类造福。

工程技术是实现工程投资目标系统的技术支持,是把科学知识、技术能力和手段等要素结合起来所形成的一个能够利用和改造自然的系统。

2. 经济

"经济"一词有多种含义,其应用也很广泛,人们对其概念的理解也不尽相同。工程经济学中的"经济"主要是指在项目的全生命周期内,为实现投资目标或获得单位效用而对投入资源的节约。即以较少的社会投入获取较多的社会回报。

在生产实践中,人们越来越体会到工程经济的重要性。很多重大工程技术的失误不是由于科学技术上的原因,而是经济分析上的失算,如英法两国联合试制的"协和号"超音速客机在技术上完全达到了预定的设计标准,是当时世界上最先进的客机;但是其耗油太多,噪声太大,因而不能吸引足够的客商,由此蒙受了极大的经济损失。这是国际上公认的一个工程经济技术失误的案例。因此,一个良好的工程师不仅要对他所提方案的技术可能性负责,还必须对其经济合理性负责。

3. 工程技术与经济的关系

从推动人类社会进步与发展的意义上说,工程技术是实现人们美好理想的手段,经济是人们所追求、所期待的目标,二者是手段和目的的关系。任何技术的实现必须消耗人力、物力和财力。因此,就存在如何以最小的消耗取得最大的效果或者以同样消耗取得最大的效果问题,即"经济效益"的问题;也就是说脱离了经济标准去评价技术的优劣就没有意义。如在缺水地区,有人提出了水利采煤的设计方案,所需要的水要从远距离的黄河引来,这显然是不经济的,即使水利采煤的技术很先进,在这里也是不可行的。

工程技术与经济之间是对立统一的关系。一般来说,发展技术是为了发展经济。各个国家都要依靠技术的进步来振兴经济,各行各业也都要通过采用先进技术来提高经济效益。技术不断发展的过程,也是经济效益不断提高的过程。得到推广的技术在一定条件下能创造较好的经济效益,因此先进的技术能提高经济效益。凡是科技领先的国家和产品科技含量高的企业,无一不对研发进行高投入。美国、日本、德国等国家的研究与开发费用在20世纪80年代就已占据国民生产总值的2.3%~2.8%,而大部分发展中国家由于经济的制约只在1‰以下。对企业来说,重大的技术革新需要大量的投资,具有很高的风险。据统计,美国基础研究的成功率在5%左右,技术开发的成功率为50%左右,一旦研究开发失败,经济上要承受巨大的损失。因此,没有雄厚的经济支撑难以进行新技术的研究与开发,也就是说技术的进步要受到经济条件的制约。

与此同时,技术的突破又会对经济产生巨大的推动作用。比如科技革命导致了产业革命,产业革命引起的经济高涨又对新技术提出了更高的要求,从而促使技术不断革新。每一轮的技术革命都引发了新兴产业的形成与发展,世界经济就在这种周而复始的运动中得到高涨、繁荣与发展。从国家、企业的层面上,一个国家、一个企业的发展从根本上是由科技创新及其有效性决定的。科学技术是第一生产力,发展经济必须依靠一定的技术;同时,技术的进步要有强大的经济支持。

1.1.2 工程经济学的产生和发展

工程经济学的第一本著作是《铁路布局中的经济理论》(*The Economic Theory of Rail Location*),这本书于1887年由亚瑟·M.惠灵顿编写。他被公认为最早探讨工程经济问题的人,并且首次将成本分析方法应用于铁路的最佳长度和曲率的选择问题上,开创了工程技术领域的经济评价工作。

20世纪20年代,戈尔德曼出版了《财务工程》一书,书中提出了用复利方法来确定投资方案的比较值进行投资方案评价的思想,并且提出研究工程技术问题的同时要考虑到方案的经济性的问题。

20世纪30年代,格兰特在其《工程经济原理》(*Principles of Engineering Economy*)中指出了古典工程经济的局限性,并以复利计算为基础,对固定资产投资的经济评价原理进行了详细的阐述,讨论了评价因素与短期投资评价的重要性,以及人的经验判断在投资决策中的重要作用。他的许多观点得到了社会认可,为工程经济学的发展做出了突出贡献,奠定了经典工程经济学的基础。

1982年,里格斯出版了《工程经济学》一书。这本书系统地阐述了货币的时间价值、货币管理、经济决策和风险以及不确定性等工程经济学的内容,使工程经济学的学科体系更加充实,并且这本《工程经济学》被多个国家作为高等学府的教材,促使工程经济学的学科水平向前推进了一大步。

我国的工程经济思想古已有之。即在工程实践活动中追求经济效果。战国时期,李冰父子设计和修建的都江堰水利工程,巧妙地采用了"鱼嘴"分江,"飞沙堰"排沙,"宝瓶口"引水等技术方案,至今仍被学者们津津乐道。宋真宗时期,丁谓主持的皇宫修复工程,由于挖沟渠取泥制砖、引水行船运载、竣工之前回填土等综合而经济的施工组织设计方案,缩短了工期,节约了费用,也被誉为讲求技术经济效果的范例。我国对现代工程经济学的研究起源于20世纪50年代,与苏联的技术经济分析、西方的管理科学和工程经济学的发展有着密切的关系。20世纪90年代以来,我国社会主义市场经济体制的逐步确立和完善、政府管理经济及社会资源配置方式的变化,使得工程经济学的原理和方案已经运用到了项目投资决策分析、项目方案评估、项目管理等各个领域。

1.1.3 工程经济学的特点

工程经济学虽然是以自然规律为基础,但是又不同于技术科学只研究自然规律,也不同于其他经济科学研究经济规律本身,而是以经济学作为理论指导和方法论。它是现代科学技术发展形成的边缘学科。工程经济学与其他学科相比具有以下特点。

1. 综合性

建筑工程经济既包括工程技术内容,也包括经济的内容。既从工程技术的角度考虑经济问题,又从经济的角度考虑工程技术问题。从工程经济学的性质看。它既不是自然科学,也不是社会科学,而是一门技术科学与经济科学相互融合而成的交叉学科。

2. 实用性

建筑工程经济产生于实践,是一门应用学科。它不仅研究工程经济的理论和原理,更重要的是研究经济效益的计算方法和评价方法,并具体应用这些方法,选取技术上先进、经济上合理的最佳方案。

3. 系统性

建筑工程经济系统是跨越工程技术领域和经济领域的复杂系统,面临的问题涉及经济、社会、环境、资源等多个方面。研究一个技术方案,不仅要从经济、技术两方面进行综合研究,还要把它置于社会环境系统中进行分析与论证,并以综合效益选优,因而是一项复杂的系统工程。

4. 定量性

建筑工程经济的研究方法是定性分析和定量分析相结合,以定量分析为主。任何技术方案,首先都要调查收集反映历史及现状的数据、资料;然后采用数学方法进行分析、计算,在计算过程中还要尽量将定性的指标定量化,以定量结果提供决策依据。

5. 选择性

多方案比较选优是现代科学化、民主化决策的要求,也是建筑工程经济最突出的特点。要对每个备选方案进行技术分析、经济分析,确定单个方案的可行性,然后通过多方案比较、分析、评价,选取综合效益最优的方案。

6. 预测性

建筑工程经济主要是对未来实施的工程项目和技术政策、技术措施、技术方案进行事前分析论证。它是依据类似方案的历史统计资料及现状调查数据,通过各种预测方法,进行预测和估计。因此,它是建立在预测基础上的一门科学。

1.2 工程经济学的研究对象和基本原则

1.2.1 工程经济学的研究对象

工程经济学主要研究工程技术领域的经济问题和经济规律,寻求提高经济效益的途径与方法;研究技术进步与经济增长之间的相互关系,探讨技术与经济相互促进、协调发展的途径;研究如何通过技术创新推动技术进步进而获得经济的增长。工程经济学的研究领域是工程与经济相结合的发展规律,就是研究采用何种办法、建立何种方法体系,才能正确估算工程项目的有效性,寻求到技术与经济的最佳结合。因此,工程经济学的研究对象是具体的建设项目、技术方案和技术政策。即以建设项目为主体,研究工程技术方案的经济效益,通过计算、分析、比较和评价,以求得最优的工程技术方案。

1. 工程经济学的研究内容

工程经济学涉及工程技术与经济的关系,长期以来,学者们多把工程经济学作为一门独立的学科来进行研究,研究内容主要包括以下三个方面。

(1) 工程实践的经济效果和提高经济效果的途径。
(2) 工程技术与经济的相互关系。
(3) 通过技术创新推动技术进步,进而获得经济增长的有效途径。

2. 工程经济学的一般研究程序

1) 选择方案的评价方法

从工程技术的角度提出的方案往往都是技术上可行的,但在效果一定时,只有费用最低的方案才能称为最佳方案,这就需要对备选方案进行经济效果评价。研究投资方案的评价指标以分析方案的可行性。

2) 投资方案的选择

一个投资项目往往具有多个方案,分析方案之间的关系,进行多方案的比选,从中选择最佳方案。

3) 筹资分析

研究如何建立筹资主体和筹资机制,分析各种筹资方式的成本和风险。

4) 财务分析

研究建设项目对各投资主体的贡献,从企业财务角度分析项目的可行性。

5) 经济分析

研究建设项目对国民经济的贡献,从国民经济角度分析项目的可行性。

6) 不确定性分析与风险分析

任何一项经济活动,由于各种不确定因素的影响,会使期望的目标与实际状况发生差异,可能会造成经济损失。为此,需要识别和估计风险,进行不确定性分析。

1.2.2 工程经济分析的基本原则

工程经济学是工程技术与经济相互交叉的一门学科,是研究技术与经济的相互关系的学科。目前工程经济学的研究方向主要集中于应用工程经济学的基本原则分析工程技术相关方案的可行性。研究工程经济学常用的基本原则有以下几种。

1. 资金的时间价值

工程经济学中一个最基本的概念是资金具有时间价值,投资项目的目标是增加财富,财富是在未来的一段时间获得的,能不能将不同时期获得的财富价值直接累加来表示方案的经济效果呢?显然不能。由于有资金时间价值的存在,未来时期获得的财富价值从现在来看没有那么高,需要打一个折扣,以反映其现在时刻的价值。如果不考虑资金的时间价值,就无法合理地评价项目的未来收益和成本。

2. 现金流量原则

衡量投资收益用的是现金流量,而不是会计利润。现金流量是项目发生的实际现金的净得,而利润是会计账面数字,按"权责发生制"核算,并非手头可用的现金。

3. 增量分析原则

增量分析符合人们对不同事物进行选择的思维逻辑。对不同方案进行选择和比较时,应从增量角度进行分析,即考查增加投资的方案是否值得,将两个方案的比较转化为单个方案的评价问题,使问题得到简化。

4. 机会成本原则

排除沉没成本,计入机会成本。当一种有限的资源具有多种用途时,可能有许多投入这种资源获得相应收益的机会,机会成本是由于放弃某个投资机会而付出的代价。沉没成本是决策前已指出的费用或已承诺将来必须支付的费用,这些成本不因决策而变化,是与决策无关的成本。

5. 有无对比原则

有无对比与前后对比不同。有无对比法是将有这个项目和没有这个项目时的现金流量情况进行对比;而前后对比法是将某一项目实现以前和实现以后所出现的各种费用效益情况进行对比。

6. 可比性原则

进行比较的方案在时间上、金额上必须可比。因此,项目的效益和费用必须有相同的货币单位,并在时间上匹配。

7. 风险收益的权衡原则

投资任何项目都是存在风险的,因此,必须考虑方案的风险和不确定性。不同项目的风险和收益是不同的,对风险和收益的权衡取决于人们对待风险的态度。但凡选择高风险的项目,必须有较高的收益。

1.3 工程全生命周期及相关评价

1.3.1 工程全生命周期

大量的工程实践表明:工程如有机体一样具有生命周期。工程一般经历决策期、投资建设期、运营期、项目后评价四个阶段,这四个阶段合称为工程全生命周期。工程全生命周期的长短取决于工程自身的重要程度、所处环境、设计技术、建造质量等多方面因素。

1. 决策期

在项目决策阶段,根据市场调查和相关的基础数据,应用适合的分析指标和评价方法,针对项目进行定性或定量的分析和计算,预测出未来项目实施后可能创造的经济效益,以及造成的社会影响、环境影响等。

2. 投资建设期

在项目投资建设阶段,根据项目实际施工情况,通过实际进度与计划进度的对比、已完工程量实际费用与已完工程量预算费用的对比,及时调整项目各个阶段的投资。

3. 运营期

在项目运营过程中,根据项目实际进展情况,采集项目实际数据,分阶段地、有目的地对项目实施过程中的经济效果、社会效果及所带来的环境影响效果进行评价。

4. 项目后评价

建设项目后评价是指在其建成运营几年后,用系统工程的思想方法,对建设项目的立项决策、方案设计、工程施工和运营管理全过程各阶段工作及其变化的成因,进行全面的跟踪、调查、分析和评价。后评价的目的在于通过全面的总结来不断提高建设项目决策、设计、施工、管理水平,为合理利用资金,提高投资效益,改进管理,制定相关政策等提供科学依据。项目后评价的内容涉及社会、经济、环保等诸多方面。

1.3.2 工程全生命周期的相关评价方法

工程经济学以工程相关技术方案为研究对象,通过工程与经济学的相关理论融合后,形成了独立的理论知识体系。它运用工程经济学综合的理论与方法去分析工程技术实践中大量出现的技术方案,从众多方案中选择最佳方案。因此,要想掌握工程经济学的理论知识,就要了解工程全生命周期中可以采用的工程经济学的相关评价方法。

1. 方案比较法

方案比较法贯穿于整个工程全生命周期,它是运用工程经济学原理解决问题的基本方法。在面临项目方案选择时,一般都存在众多替代方案;企业要达到技术进步的目的,也总有各种各样的技术措施,俗话说"条条大路通罗马";工程项目投资也有不同的投资方案。因此,通过对方案比较法的运用,可以从众多方案中优先选择最佳方案。

2. 动态分析与静态分析相结合,以动态分析为主

工程经济学要运用动态分析方法,这是通过理论结合实际,来解决工程全生命周期过程中的方案选择问题。动态分析方法主要包括两个方面的内容:一是必须考虑工程项目在运行过程中资金的时间价值;二是考虑工程项目本身在发展过程中的变化。也就是说,在运用工程经济学的研究方法和基本原理分析项目方案的时候,评价技术方案的技术投入和产出应该按照复利计算,才能更真实地反映技术方案的实际效益。并且要随时根据项目实际情况的变化,以及项目可能遇到的风险对工程项目方案进行调整。所以,动态分析方法也是工程经济研究的基本方法。

3. 定量与定性相结合的方法

工程经济学既要运用定量分析的方法,通过具体的数据对工程项目进行经济评价、不确定性分析评价、财务评价与国民经济评价、设备经济评价、价值工程分析等,又要运用定性的方法对项目的全生命周期中的各个阶段进行项目可行性研究、项目阶段评价、项目环境影响评价、项目社会影响评价等。因此,定量与定性分析相结合的方法也是工程经济分析中常用的方法。

案例分析

工程与经济训练

项目 2　资金的时间价值

> 小明在某二线城市工作 5 年,想通过购房安定下来,考虑到将来工作、孩子教育等问题决定在本市经济开发区购买商品房。由于资金有限欲向银行贷款,银行贷款合同约定以下几种还款方案,小明会选择哪种还贷方案呢?
>
> 甲方案:每半年贷款人需支付本利 2000 元,还款期为 10 年,年利率为 4%,每季度计息一次。
>
> 乙方案:每半年贷款人需支付本利 2000 元,还款期为 10 年,年利率为 4%,每年计息一次。
>
> 丙方案:年利率为 4%,从购房起连续 10 年年末等额支付的总费用与第 10 年年末的 10000 元等值。
>
> **思考:**
> 1. 资金时间价值的意义。
> 2. 利率和利息的区别。
> 3. 什么是资金等值,有哪些类型?

2.1　资金时间价值原理

2.1.1　资金时间价值概述

1. 资金时间价值的含义

资金时间价值是指一定量的资金在不同时间点上的价值量的差额,也就是资金在流通过程中随着时间的推移而产生的增值。例如,今天存入 100 元到银行,若银行的年利率为 4%,一年以后的今天可以取出 104 元,其中的 100 元是本金,4 元是利息,而利息就是资金的时间价值。因此,在工程经济分析中必须注重资金的时间价值。通俗地说,在不同的时间付出或得到相同数额的资金在价值上是不等的。

在社会生产中,资金是劳动手段、劳动对象和劳动报酬的货币表现,资金的运动反映了物化劳动和活劳动相互结合的运动过程。资金由生产过程到流通过程再到生产过程往复循环运动,从而为社会提供了物质财富,创造了新的价值,表现在其本身的变化就是增值。

资金时间价值的具体表现是多方面的,如发生在不同时点的等额资金,其价值不等;将资金进行投资,通过生产经营活动可以获取一定的利润;如果将资金放入保险柜,相当于放弃了其他形式的投资带来的收益,也相当于付出了一定的代价,即所谓的机会成本;借贷资金应计算利息等。但是,需要明确的是,资金的时间价值和通货膨胀引起的货币贬值是截然不同的。通货膨胀是国家通过大量发行纸币来弥补财政赤字,使得纸币的发行量超过商品流通中的实际需要量而引起货币贬值的现象。而资金时间价值是一个客观存在的现象,只要资金流通就会随着时间而产生增值,资金就具有时间价值。

2. 影响资金时间价值的因素

影响资金时间价值的因素总结起来,主要有以下几点。

1) 资金数额

在其他条件不变的情况下,资金数额越多,资金的时间价值就越多;反之,资金的时间价值则越少。

2) 投资利润率

投资利润率即单位投资所能取得的利润。在其他条件不变的情况下,投资利润率越高,资金的时间价值越大;反之,资金的时间价值则越小。

3) 时间

资金在生产经营活动中流通时间越长,资金的时间价值就越大;反之,则资金的时间价值则越小。

4) 通货膨胀因素

资金的时间价值能对通货膨胀造成的货币贬值进行相应的补偿。

5) 风险

收益都是与风险并存。一般来说,风险越大,相应的利润也越高,资金的时间价值就越大,但是投资失败损失也越大;风险越小,相应的利润就越低,资金的时间价值也会越低,但是项目的安全性更高,投资收益机会越大。

3. 研究资金时间价值的意义

资金的时间价值是对建设项目、投资方案进行动态分析的出发点和依据,只有通过研究时间因素对建设项目方案经济效果的影响,才能正确地评价建设项目和投资方案。因此,研究资金的时间价值就具有十分重要的现实意义,主要表现在以下三个方面。

(1) 促使合理有效地利用资金。任何投资活动都存在一定风险,并不是说只要投入某一生产经营活动都能带来资金的增值。资金的投资方向只有符合国家和地区政策鼓励发展的项目、符合国家和地区规划的项目、符合市场需求的项目才会带来效益。像一些重复建设的项目、违规建设的项目,不但造成了资金的长期占用,而且浪费了资源,如果投资者能认识到资金时间价值的作用,就会促使其合理有效地利用资金。

(2) 有利于做出正确的投资决策。由于资金时间价值的大小与资金的周转率、资金流入流出的时点有关,因此一旦投资项目确定,就应该把整个项目的寿命看作是资金运动的时间段。投资者在确定投资方向后,为取得最大的收益,就应尽量缩短建设期,加速资金周转,提高资金的使用效益;另外,在进行项目投资决策时,要充分考虑资金的时间价值。比如,某一个建设项目需要投资总额100万元,建设期为3年。现有两个方案:A方案各年投资额分别为:第1年50万元,第2年30万元,第3年20万元;B方案各年投资额分别为:第1年20万元,第2年30万元,第3年50万元。如果不考虑资金的时间价值,就会认为这两种方案总投资都为100万元,没有区别。但是如果考虑资金的时间价值,其投资现值大不相同,B方案要比A方案更优。

(3) 有利于选择融资方式。不同的资金来源,意味着不同的资本成本和不同的资金收益率。为了使建设项目资金的管理更方便,一般用综合后的平均资本成本、平均资金收益率作为整个项目资金增值的最小期望值。这样在建设项目的运作过程中,使得资金有计划、有控制地投入使用,提高投资项目的安全性和确保投入资金的预期收益率。

2.1.2 资金时间价值的度量

资金的时间价值可以表示为一定量的资金在一定时间内所带来的利息或利润,通常用利率来表示。衡量资金时间价值的尺度一般分为两种:一种是绝对尺度,即利息和纯利润;另一种是相对尺度,即利率和收益率。在工程经济分析中,一般把银行存款获得的资金增值称为利息,把资金用于投资所得的资金增值称为收益。

1. 利息

利息是占用他人资金(或放弃自己使用资金)所需支付(或所得)的代价(或报酬)。如果把一笔资金存入银行,这笔资金就称为本金。经过一段时间之后,债权人可以从银行(债务人)获得本金和利息。其表达式为

$$F = P + I \tag{2-1}$$
$$I = F - P \tag{2-2}$$

式中:F——还本付息总额(目前债务人应付额);
　　　P——本金;
　　　I——利息。

2. 利率

利率是在一定时间所得利息额与投入资金的比值,即利息与同期借款本金之比。它反映了资金随时间变化的增值率,一般以百分数表示。其表达式为

$$i = \frac{I_t}{P} \times 100\% \tag{2-3}$$

式中:i——利率;
　　　I_t——一个利息周期的利息;
　　　P——同期借款本金。

用于计算利息的时间单位称为计息周期,有年、半年、季度、月、周、天等,最常用的是"年",即在工程经济分析中,如无特别说明,利率一般是指年利率。

【例2-1】 某人年初借得本金10000元,一年后计息为700元,求其年利率。

【解】 根据式(2-3)计算年利率为

$$i = \frac{700}{10000} \times 100\% = 7\%$$

3. 单利与复利

利息的计算有单利和复利之分。

1) 单利

单利是只对本金计算利息，不把前期本金产生的利息累加到本金中，即利息不再生息，每期的利息是固定不变的。单利计息时的利息计算公式为

$$I = Pni \qquad (2\text{-}4)$$

n 个计息周期后的本利和为

$$F = P(1+in) \qquad (2\text{-}5)$$

单利计息过程见表 2-1。

表 2-1 单利计息过程

计息期(n)	期初本金(P)	当期利息(I)	期末本利和(F)
1	P	Pi	$P(1+i \cdot 1)$
2	$P(1+i)$	Pi	$P(1+i \cdot 2)$
3	$P(1+2i)$	Pi	$P(1+i \cdot 3)$
⋮	⋮	⋮	⋮
n	$P[1+(n-1)i]$	Pi	$P(1+i \cdot n)$

注：i 为利率。

【例 2-2】 某公司以单利方式借入 1000 万元，年利率为 6%，第四年偿还，求各年利息与本利和。

【解】 根据题意列表 2-2。

表 2-2 单利计算分析表　　　　　　　　　　　　　　单位：万元

使用期	年初款额	年末利息	年末本利和	年末偿还
1	1000	$1000 \times [(1+6\%)-1] = 60$	1060	0
2	1060	60	1120	0
3	1120	60	1180	0
4	1180	60	1240	1240

2) 复利

以原始本金与累计利息之和为基数计算的利息称为复利，即不仅本金要逐期计息，利息也要计息，也就是"利滚利"。复利计息时利息的计算公式为

$$I_n = iF_{n-1} \qquad (2\text{-}6)$$

式中：i——计息周期复利利率；
F_{n-1}——第$(n-1)$期期末复利本利和。

n个计息期后的本利和为

$$F_n = P(1+i)^n \tag{2-7}$$

式中：P——年初本金；
n——计息周期；
F_n——第n个计息周期期末复利本利和。

复利计息过程见表2-3。

表2-3 复利计息过程

计息期(n)	期初本金(P)	当期利息(I)	期末本利和(F_n)
1	P	Pi	$F_1 = P(1+i)$
2	$P(1+i)$	$P(1+i)i$	$F_2 = F_1(1+i) = P(1+i)^2$
3	$P(1+i)^2$	$P(1+i)^2 i$	$F_3 = F_2(1+i) = F_1(1+i)(1+i) = P(1+i)^3$
⋮	⋮	⋮	⋮
n	$P(1+i)^{n-1}$	$P(1+i)^{n-1} i$	$F_n = P(1+i)^{n-1} + P(1+i)^{n-1} i = P(1+i)^n$

注：i为利率。

【例2-3】 某公司以复利方式借入1000万元，年利率为6%，第四年偿还，求各年利息与本利和。

【解】 根据题意列表2-4。

表2-4 复利计算分析表   单位：万元

使用期	年初款额	年 末 利 息	年末本利和	年末偿还
1	1000	1000×[(1+6%)−1]=60	1060	0
2	1060	1060×[(1+6%)−1]=63.6	1123.6	0
3	1123.6	1123.6×[(1+6%)−1]=67.41	1191.02	0
4	1191.02	1191.02×[(1+6%)−1]=71.46	1262.48	1262.48

从例2-2和例2-3可以看出，同一笔借款，在利率和计息周期相同的情况下，用复利计算出的利息比用单利计算出的利息金额多。两者相差22.48万元。复利更能够充分地反映资金在社会再生产过程中发挥作用的规律，是国际上普遍采用的计息方法。对建设项目的计算、分析与评价，一般采用复利计息。

复利分为普通复利和连续复利两大类，其中又以资金投入和支付利息的方式不同有若干计算公式。在实际计算中一般以间断复利计算。

4. 名义利率与实际利率

在进行理论分析时，利息通常是以年为计息期计算的。但是在实际应用中，并不一定以一年为一个计息期,有时一年中计息若干次,如每半年、每季度或每月计息一次。在伦敦、纽约、巴黎等地的金融市场上,短期利率通常以日计算。也就是说,计息期可以是半年、季、月、周、日等。因此,同样的年利率,由于计息期数的不同,本金所产生的利息也不同。当利率的时间单位与计息期不一致时,就出现了名义利率与实际利率的概念。

1) 名义利率

所谓名义利率 r,是指计息周期利率 i 乘以一年内的计息周期数 m 所得的年利率,即

$$r = im \tag{2-8}$$

假如按月计算利息,且其月利率为 1%,通常称为"年利率 12%,每月计息一次"。这个年利率 12% 称为"名义利率"。很显然,采用名义利率时忽略了前面各期再生的因素,这与单利的计算相同。

2) 实际利率

若用计息周期利率来计算年有效利率,并将年内的利息再生因素考虑进去,这时所得的年利率称为年实际利率(又称年有效利率)。从实际利率的概念可推导出年实际利率的计算式。

名义利率为 r,一年中计息次数为 m,则实际利率为 $i=r/m$。那么年初本金 P 一年后的本利和 F 为

$$F = P\left(1 + \frac{r}{m}\right)^n$$

一年的利息为

$$I = P\left(1 + \frac{r}{m}\right)^n - P$$

则根据利率的公式可推导出年实际利率(或称年有效利率)i_e:

$$i_e = \frac{P\left(1 + \frac{r}{m}\right)^n - P}{P} = \left(1 + \frac{r}{m}\right)^n - 1 \tag{2-9}$$

由此可知,名义利率就是挂名的利率,而在计息周期实际计息的利率则是实际利率。当计息期短于一年时,计息期的有效利率乘以上一年中计息次数所得的年利率即为名义利率。通常说的年利率一般指的是名义利率,如不对计息周期加以说明,则表示一年计息一次,此时的年利率既是名义利率,又是实际利率。

【例 2-4】 某企业于年初存款 10 万元,当年利率为 10%,半年复利一次,求第 10 年年末该企业可得的本利和。

【解】 由题意根据式(2-9),得

$$i = \left(1 + \frac{r}{m}\right)^n - 1 = \left(1 + \frac{10\%}{2}\right)^2 - 1 = 10.25\%$$

$$F = P(1+i)^n = 10 \times (1 + 10.25\%)^{10} = 26.53(万元)$$

或不计算实际利率,而调整其他相关的指标,即利率变为 $\frac{r}{m}$,计息期数变为 mn(n 为原计息期数),其计算公式为

$$F = P\left(1+\frac{r}{m}\right)^{mn} = 10\left(1+\frac{10\%}{2}\right)^{2\times 10} = 26.53(万元)$$

【例 2-5】 某公司拟借款 100 万元进行投资,交通银行和建设银行同意贷款,两家的贷款利率分别如下:交通银行年贷款利率 6%,半年计息一次;建设银行年贷款利率为 5.85%,按月计息。请问:该企业应选哪个银行进行贷款?

【解】 交通银行的年贷款利率为

$$i_e = \left(1+\frac{6\%}{2}\right)^2 - 1 = 6.09\%$$

建设银行的年贷款利率为

$$i_e = \left(1+\frac{5.85\%}{12}\right)^{12} - 1 = 6.01\%$$

由计算结果可知建设银行年有效利率较低,因此该公司应该向建设银行贷款。

2.1.3 现金流量

1. 现金流量的概念

在对方案进行工程经济分析时,可把研究对象视为一个整体,而投入的资金、支付的成本,均可以作为以资金形式体现的现金流入和现金流出。整个计算期内各个时点上实际发生的现金流入、现金流出称为现金流量。我们在进行经济分析的时候,一般指的现金都是广义的现金,比如各种货币资金或非货币资产的变现价值。

现金流量包括现金流入量、现金流出量和净现金流量。现金流入量也是正现金流量,是在一定建设时期内的净收入,如营业收入、回收固定资产余值、回收流动资金等;现金流出量也是负现金流量,表示一定建设时期内的净支出,如建设投资、流动资金投资、经营成本等。计算期内某个时点上的现金流入与现金流出的差额,称为该时间点上的净现金流量。一般把现金流入定为正值,现金流出定为负值。

2. 现金流量表

在项目全寿命周期内,各种现金流入和现金流出的数额和发生的时间都不尽相同。为了便于分析,通常采用表格和图的形式表示特定系统在一段时间内发生的现金流量,如表 2-5 所列。

现金流量表是直接反映项目在计算期内各年的现金流入和现金流出的一种表格。

表 2-5 现金流量表的一般形式

序号	项 目	计算期/年						合计
		建设期		投产期		达产期		
		1	2	3	4	5	6	
1	现金流入							
1.1	营业收入							
1.2	回收固定资产余值							
1.3	回收流动资金							
2	现金流出							
2.1	建设投资							
2.2	流动资金							
2.3	经营成本							
2.4	营业税金及附加							
2.5	所得税							
3	净现金流量(1－2)							
4	累计净现金流量							
5	所得税前净现金流量(1－2)							
6	累计所得税前净现金流量							
8	所得税后净现金流量(3－2.5)							
9	累计所得税后净现金流量							

3. 现金流量图

现金流量图就是在技术方案或工程项目全寿命周期内各年的现金流量与时间的函数图形,它形象直观地表示不同时间点上的现金流入与现金流出情况,如图 2-1 所示。现金流量图的三个要素:现金流量大小、方向和时间点。

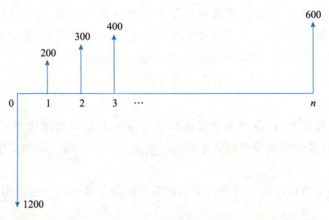

图 2-1 现金流量图

现金流量图是用横轴表示时间坐标的直角坐标图,图中的横轴表示与项目全寿命周期对应的时间轴,每一个时间间隔代表一个时间单位,可以是年、半年、季度、月等;跟时间横轴垂直的箭线代表不同时点的现金流量,箭头向上代表时点的现金流入,箭头向下代表时点的现金流出。

现以图 2-1 说明现金流量图的作图规则和方法如下。

(1) 以横轴为时间轴,向右延伸表示一个从 0 时点到 n 时点的时间序列,每一个时间间隔代表一个计息期。0 代表计息期的起点,n 代表计息期的终点。相对于时间坐标的垂直箭线代表不同时点的现金流量。箭线与时间轴的交点即为现金流量发生的时点。

(2) 在现金流量图中,箭线的长短与现金流量的金额成正比。现金流量越大,相应箭线的长度越长;反之,则越短。

(3) 时间轴上的点是当前计息期的终点,同时也是下一计息期的起点,而下一计息期的起点为上一计息期的终点。1 时点表示第 1 年年末或第 2 年年初,2 时点表示第 2 年年末或第 3 年年初,以此类推。

(4) 箭头向上代表现金流入,箭头向下代表现金流出。如图 2-1 所示,第 0 年年末现金流出 1200,第 1 年年末现金流入 200,第 2 年年末现金流入 300,第 3 年年末现金流入 400。

2.2　资金等值计算

在资金时间价值的计算中,资金的等值计算有着十分重要的意义。资金等值是以资金时间价值原理为依据,在资金考虑时间因素的情况下,不同时点发生的绝对值不等的资金可能具有相同的价值。在工程经济分析中,为了准确地计算和分析投资方案,不能盲目地把不同时点发生的现金流量相加减,必须把不同时点发生的现金流量转换为同一时点发生的才有可比性。

2.2.1　资金等值计算

1. 资金等值相关概念

资金等值计算借助复利系数进行,并经常使用现金流量图作为辅助计算的工具。在利用资金的时间价值原理进行等值计算的时候,常用到以下几个基本概念。

1) 现值

现值(或本金)可用字母 P 表示,它表示资金发生在某一特定时间序列起点上的数值。在工程经济分析中,它表示在现金流量图中的 0 期的投资数额或投资项目的现金流量折算到 0 时点的数值。后一个过程又叫求现值,求现值的过程也叫折现或贴现。

2) 终值

终值(或未来值)可用字母 F 表示,它表示资金发生在某一特定时间序列终点上的数值。其含义是期初投入或产出的资金在计算期期末转换成的终值,即期末的本利和。

3）年金

年金可用字母 A 表示,它表示发生在每个计息周期的等额现金流量,即在某个特定的时间序列内,每隔相同时间收入或支出的等额资金。

4）折现率

折现率可用字母 i 表示,它表示贴现或折现所用的利率。

2. 资金等值基本公式

1）一次支付类型

一次支付又称整付,是指所分析的技术方案或工程项目全生命周期的现金流量,无论是流入还是流出,均在一个时点上一次发生。其典型现金流量图如图 2-2 所示。

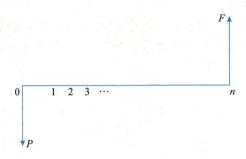

图 2-2 一次支付终值现金流量图

把技术方案或工程项目作为一个系统,如果在考虑资金时间价值的情况下,现金流入恰恰能补偿现金流出,则 F 和 P 就是等值的。

(1) 一次支付终值公式

如果期初一次投入的现值为 P,计算期利率为 i,计算 n 期期末的终值 F。计算公式为

$$F = P(1+i)^n \tag{2-10}$$

式中:$(1+i)^n$ 称为一次支付终值系数。也可用系数符号 $(F/P, i, n)$ 表示,其数值可以从相应的复利系数表中查得。故式(2-10)可记为

$$F = P(F/P, i, n)$$

【例 2-6】 某人以年利率 6% 向银行贷款 1000 元,期限为 5 年,计算第 5 年年末的将来值。

【解】 5 年后归还银行的本利和应与现在的借款金额等值,年利率为 6%。由一次支付终值式(2-10)可得出:

$$F = P(1+i)^n = 1000(1+6\%)^5$$
$$= 1000 \times 1.3382 = 1338.2(元)$$

也可以查复利系数表,当年利率为 6%、$n=5$ 时,一次终值复利系数为 1.3382。

故

$$F = P(F/P, i, n) = 1000(F/P, 6\%, 5)$$
$$= 1000 \times 1.3382 = 1338.2(元)$$

(2) 一次支付现值公式

如果计算期利率为 i，n 期期末的终值要达到 F，计算期期初的现值。这是已知终值求现值的等值公式，是一次支付终值公式的逆运算。现金流量如图 2-2 所示。由式(2-10)可得

$$P = F(1+i)^{-n} = F\left[\frac{1}{(1+i)^n}\right] \tag{2-11}$$

式中：$(1+i)^{-n}$ 或 $\left[\dfrac{1}{(1+i)^n}\right]$，称为一次支付现值系数，也可用系数符号 $(P/F,i,n)$ 表示。故式(2-11)可记为

$$P = F(P/F,i,n)$$

【例 2-7】 某企业对投资收益率为 12% 的项目进行投资，期望 5 年后可收益 10000 万元，现应投资多少万元？

【解】 由式(2-11)可得出：

$$\begin{aligned} P &= F(1+i)^{-n} = 10000 \times (1+10\%)^{-5} \\ &= 10000 \times 0.6209 = 6209(万元) \end{aligned}$$

也可从复利系数表中查出 $i=10\%$、$n=5$ 的一次支付现值系数，可得

$$\begin{aligned} P &= F(P/F,i,n) = 10000 \times (P/F,10\%,5) \\ &= 10000 \times 0.6209 = 6209(万元) \end{aligned}$$

2) 等额支付类型

等额支付序列求终值是多次支付形式问题中的一种。多次支付是指现金流入和流出在多个时点上发生，而不是集中在一个时点上。现金流量的大小可以是不等的，也可以是相等的。当现金流量序列是连续且等额时，则称为等额序列现金流量。

(1) 等额支付终值公式

在项目的时间序列中，从第 1 年到第 n 年年末的连续时点上发生等额的现金流量 A（年金），称为年值。在考虑资金时间价值的条件下，第 n 年年末的现金流入 F 应与等额现金流出序列等值。其典型现金流量图如图 2-3 所示。

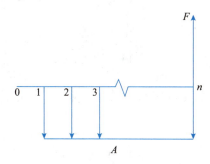

图 2-3　等额支付序列终值现金流量图

若已知利率为i,每年的等额现金流出序列为A,计算计息期期末(第n个时点)的终值F。根据图 2-3,把每次的等额支付看成是一次支付,利用一次支付复利终值公式得

$$F = A + A(1+i) + A(1+i)^2 + \cdots + A(1+i)^{n-2} + A(1+i)^{n-1}$$
$$= A[1 + (1+i) + \cdots + (1+i)^{n-2} + (1+i)^{n-1}] \quad (2\text{-}12)$$

等式两边同时乘以$(1+i)$可得

$$F(1+i) = A(1+i) + A(1+i)^2 + \cdots + A(1+i)^{n-1} + A(1+i)^n \quad (2\text{-}13)$$

用式(2-13)减去式(2-12),得

$$F(1+i) - F = -A + A(1+i)^n$$
$$F = A\left[\frac{(1+i)^n - 1}{i}\right] \quad (2\text{-}14)$$

式中:$\left[\dfrac{(1+i)^n - 1}{i}\right]$称为等额支付序列复利终值系数,可用系数符号$(F/A, i, n)$表示。式(2-14)可记为

$$F = A(F/A, i, n)$$

【例 2-8】 某人 5 年内每年年末向银行存入 2 万元,年利率为 10%,5 年后可得本利和多少万元?

【解】 由式(2-14)得

$$F = A\left[\frac{(1+i)^n - 1}{i}\right] = 20000 \times \left[\frac{(1+10\%)^5 - 1}{10\%}\right]$$
$$= 20000 \times 6.105 = 12.21(万元)$$

也可根据$i = 10\%$,$n = 5$查复利系数表$(F/A, i, n)$,得

$$F = A(F/A, i, n) = 20000 \times 6.105 = 12.21(万元)$$

(2) 等额支付积累基金公式

为了筹集未来n期期末所需要的一笔资金F,在利率为i的情况下,计算每个计息期期末应等额存入的资金A。

由式(2-14)可得

$$A = F\left[\frac{i}{(1+i)^n - 1}\right] \quad (2\text{-}15)$$

式中:$\left[\dfrac{i}{(1+i)^n - 1}\right]$称为等额支付序列积累基金系数,可用系数符号$(A/F, i, n)$表示。式(2-15)可记为

$$A = F(A/F, i, n)$$

【例 2-9】 某企业欲积累一笔资金,用于 5 年后建造职工俱乐部。此项投资总额为 200 万元,若银行年利率为 8%,问从现在起每年末应存入多少金额,才能满足要求?

【解】 由题意根据式(2-15)可得

$$A = F\left[\frac{i}{(1+i)^n - 1}\right] = 200 \times 0.1705 = 34.1(万元)$$

或

$$A = F(A/F, i, n) = 200 \times 0.1705 = 34.1(万元)$$

(3) 等额支付现值公式

等额支付现值是在考虑资金时间价值的条件下,第 0 年年末的现金流入 P 应与从第 1 年到第 n 年的等额现金流出序列等值,P 就相当于等额年值序列的现值。等额支付现值公式推导时所依据的现金流量图如图 2-4 所示。

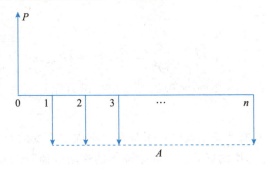

图 2-4 等额支付现值现金流量图

将式(2-7)代入式(2-14),得

$$P(1+i)^n = A\left[\frac{(1+i)^n - 1}{i}\right]$$

两边除以 $(1+i)^n$,得

$$P = A\left[\frac{(1+i)^n - 1}{i(1+i)^n}\right] \tag{2-16}$$

式中 $\left[\frac{(1+i)^n - 1}{i(1+i)^n}\right]$ 称为等额支付现值系数,也可记为 $(P/A, i, n)$。式(2-16)可记为

$$P = A(P/A, i, n)$$

【例 2-10】 某建筑公司计划贷款购置一部建筑机械,年利率为 8%。据预测此机械使用年限为 8 年,每年可获净利润为 20000 元,问现可贷款多少万元?

【解】 由式(2-16)可得

$$P = A\left[\frac{(1+i)^n - 1}{i(1+i)^n}\right] = A(P/A, i, n)$$
$$= 20000 \times 5.7466 = 11.49(万元)$$

(4) 等额支付资金回收公式

等额支付资金回收公式是等额支付现值公式的逆运算，即已知现值 P，求与其等值的等额年值 A。由式(2-16)可以推导出：

$$A = P\left[\frac{i(1+i)^n}{(1+i)^n - 1}\right] \tag{2-17}$$

式中：$\left[\frac{i(1+i)^n}{(1+i)^n - 1}\right]$ 称为等额支付序列资金回收系数，可用系数 $(A/P, i, n)$ 表示。式(2-17)可记为

$$A = P(A/P, i, n)$$

【例 2-11】 若某公司计划贷款 1000 万元，年利率为 10%，期限为 5 年，每年年末应等额偿还多少万元？

【解】 根据式(2-17)，得

$$A = P\left[\frac{i \cdot (1+i)^n}{(1+i)^n - 1}\right] = P(A/P, i, n)$$
$$= 1000 \times 0.2638 = 263.8(万元)$$

3) 等差支付类型

在工程经济问题中，有些费用或收益不是每年都固定不变的，有可能是变化的，比如因机械设备老化而每年递增的保养费。如果逐年的递增或递减是等额的，则称为等差序列现金流量，该差额用 G 表示。等差支付序列现金流量图如图 2-5 所示。

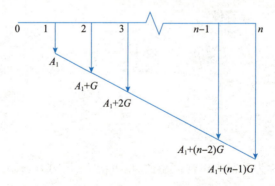

图 2-5 等差支付序列现金流量图

如果把图 2-5 所示的现金流量转换成每期期末等额支付序列 A 的形式，那么根据等额支付序列终值和现值公式，很容易求得期初的现值 P 和期末终值 F。

我们可以把图 2-5 的均匀梯度支付序列分解成由两个序列组成的现金流量图：一个是等额支付序列，等额值为 A_1，如图 2-6(a)所示；一个是由 0、G、$2G$、$(n-1)G$ 组成的梯度序列，如图 2-6(b)所示。如果能把图 2-6(b)转换成每期期末的等额值为 A_2 的等额支付序列，那么所求的等额支付序列 $A = A_1 + A_2$，如图 2-6(c)所示。

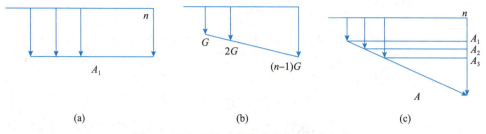

图 2-6 均匀梯度支付序列现金流量分解图

A_1 是已知的，A_2 可以通过下列方法求得：先把序列 0、G、$2G$、$\cdots$、$(n-1)G$ 分解成 $(n-1)$ 个期末支付为 G 的等额支付，并通过等额支付序列终值公式求得终值 F_2，再通过等额支付序列积累基金公式求得 A_2。

$$\begin{aligned}
F_2 &= G(F/A,i,n-1) + G(F/A,i,n-2) + \cdots + G(F/A,i,2) + G(F/A,i,1) \\
&= G\left[\frac{(1+i)^{n-1}-1}{i}\right] + G\left[\frac{(1+i)^{n-2}-1}{i}\right] + \cdots + G\left[\frac{(1+i)^2-1}{i}\right] \\
&\quad + G\left[\frac{(1+i)^1-1}{i}\right] \\
&= \frac{G}{i}\frac{(1+i)^n-1}{i} - \frac{nG}{i}
\end{aligned}$$

而与 F_2 等值的等额年金 A_2 为

$$\begin{aligned}
A_2 &= F_2(A/F,i,n) = F_2\frac{i}{(1+i)^n-1} \\
&= \left[\frac{G}{i}\frac{(1+i)^n-1}{i} - \frac{nG}{i}\right]\frac{i}{(1+i)^n-1} \\
&= G\left[\frac{1}{i} - \frac{n}{i}(A/F,i,n)\right]
\end{aligned}$$

即

$$A_2 = G(A/G,i,n)$$

则梯度系列的等额年金 A 为

$$A = A_1 + A_2 = A_1 + G\left[\frac{1}{i} - \frac{n}{i}(A/F,i,n)\right] \tag{2-18}$$

式中 $\left[\frac{1}{i} - \frac{n}{i}(A/F,i,n)\right]$ 称为梯度支付序列系数，可用系数符号 $(A/G,i,n)$ 表示。因此式(2-18)可表达为

$$A = A_1 + G(A/G,i,n)$$

均匀梯度系数也可用来计算等差递减的序列。此时

$$A = A_1 + A_2 = A_1 - G\left[\frac{1}{i} - \frac{n}{i} \cdot (A/F, i, n)\right] \quad (2\text{-}19)$$

或

$$A = A_1 - G(A/G, i, n)$$

【例 2-12】 某人第 1 年存入银行 1000 元。以后 9 年每年递增存款 200 元,如果年利率为 8%,则这笔存款折算成 10 年的等额支付序列,相当于每年存入多少元?

【解】 由题意和式(2-18)可得

$$A = A_1 + G(A/G, i, n) = 1000 + 200(A/G, 8\%, 10)$$
$$= 1000 + 200 \times 3.8713 = 1774(\text{元})$$

2.2.2 资金等值的应用

1. 运用复利计算基本公式应注意的问题

在资金时间价值计算的基本公式中,以一次支付复利终值公式为最基本的公式,其他公式都是在此基础上经初等数学运算得到的。在具体运用公式时应注意下列问题。

1) 关于各时间值发生的时点

(1) 现值 P 发生在计算期期初。

(2) 终值 F 发生在计算期期末。

(3) 等额支付序列 A 发生在每一期期末,第一个 A 与 P 相隔一期,最后一个 A 与 F 同时发生。

(4) 均匀梯度序列中,第一个 G 发生在第二期期末。

如果项目的现金流量与基本公式建立的假设条件不符,则不能直接利用公式进行计算。

2) 等值系数相互关系

(1) 倒数关系

倒数关系可表达为

$$(F/P, i, n) = 1/(P/F, i, n)$$
$$(F/A, i, n) = 1/(F/A, i, n)$$
$$(A/P, i, n) = 1/(P/A, i, n)$$

(2) 乘积关系

当略去基本公式系数 i 和 n,只看系数的标识符时,如系数 $(A/P, i, n)$,只看 A/P,并且将 A/P 看作 $\frac{A}{P}$,则基本系数之间通过"约分",满足下列乘积关系:

$$(F/P, i, n) = (A/P, i, n)(F/A, i, n)$$
$$(A/P, i, n) = (F/P, i, n)(A/F, i, n)$$
$$(A/F, i, n) = (P/F, i, n)(A/P, i, n)$$

（3）特殊关系

特殊关系可表达为

$$(A/F,i,n)+i=(A/P,i,n)$$

可利用查得常用的复利系数。

2. 资金等值计算

1）期初年金的计算

期初年金是指等额支付序列发生在每期期初的现金流量。

【例 2-13】 某公司每年年初向银行贷款 100 万元，连续 5 年。年利率为 10%，第 5 年年末应偿还多少？相当于期初一次贷款多少？

【解】 根据题意，现金流量如图 2-7 所示。

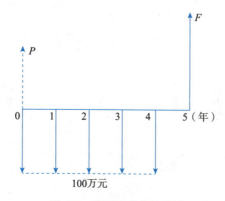

图 2-7 某项目现金流量图

由于等额序列值（年金）A 发生在每年年初，因此，基本公式不能直接使用。要求得第 5 年年末的将来值 F，可先求出第 4 年年末的将来值 F_4，即假设在第 0 年前面还有 -1 年，即可应用公式可得

$$F_4=A(F/A,10\%,5)=100\times 6.1051=610.51(万元)$$

相对第 5 年来说，

$$F_4=P_4$$

所以

$$F=P_4(F/P,10\%,4)=610.51\times 1.10=671.57(万元)$$

现值 P 可按两部分来求，即

$$P=A+A(P/A,10\%,4)=100+100\times 3.1699=416.99(万元)$$

2）延期年金的计算

延期年金是指不是从第一期期末而是从以后某一期期末开始支付的年金。

【例 2-14】 某拟建工程项目，从第 5 年年初投产到第 10 年年末报废，每年年末可收益 250 万元，若年利率为 12%，该工程项目期期初的投资是多少？

【解】 该工程项目现金流量如图 2-8 所示。

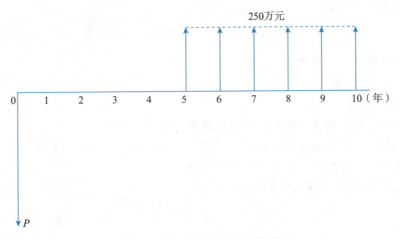

图 2-8 某工程项目现金流量图

以时点 4 为转换点，则

$$P_4 = 250(P/A,12\%,6) = 250 \times 4.114 = 1028.5(万元)$$

相对于第 0 年，

$$P_4 = F_4$$

所以

$$P = F_4(P/F,12\%,4) = 1028.5 \times 0.6355 = 653.61(万元)$$

3）计息期为一年的计算

【例 2-15】 当年利率为 8% 时，从现在起连续 6 年的年末等额支付为多少时与第 6 年年末的 1000 元等值？

【解】 根据题意由公式可得

$$A = F(A/F,i,n) = 1000(A/F,8\%,6) = 1000 \times 0.1363 = 136.3(元)$$

4）计息期短于一年的等值计算

（1）计息期和支付期相同

【例 2-16】 当年利率为 12% 时，每半年计息一次，从现在起连续 3 年，每半年为 100 万元的等额支付，与其等值的第 0 年的现值为多少万元？

【解】 根据题意由公式可得

$$P = A(P/A,i,n) = 100\left(P/A,\frac{12\%}{2},2\times 3\right) = 100 \times 4.9173 = 491.73(万元)$$

（2）计息期短于支付期

【例 2-17】 年利率 12%，每季度计息一次，从现在起连续 3 年的等额年年末存款为 500 元，问与其等值的第 3 年年末的存款金额为多少元？

【解】 其现金流量图如图 2-9 所示。

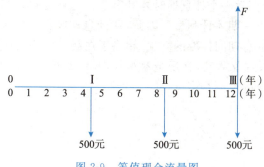

图 2-9 等值现金流量图

由于利息按季度计算,而支付在每年年末,这样,每一个计息期期末不一定有支付,所以不能直接采用利息公式,需要进行修改,使之符合计息方式。

修改方法有如下三种。

① 将计息期转换为与支付期相同。求出支付期的有效利率,即年有效利率 i。

$$i_e = \left(1 + \frac{12\%}{4}\right)^4 - 1 = 12.55\%$$

$$F = A\left[\frac{(1+i)^n - 1}{i}\right] = 500 \times \left[\frac{(1 + 12.55\%)^3 - 1}{12.55\%}\right] = 1696(元)$$

② 把等额支付的每一个支付分别看作为一次支付,求出每个支付的将来值,然后相加。计息期为季,有效利率 $\frac{12\%}{4} = 3\%$,所以

$$F = 500(F/P, 3\%, 8) + 500(F/P, 3\%, 4) + 500$$
$$= 500 \times 1.2668 + 500 \times 1.1255 + 500 = 1696(元)$$

③ 转换支付期,使其与计息期相同,取一个循环周期,使这个周期的年末支付转变成等值的计息期期末的等额支付序列,其现金流量如图 2-10 所示。

$$A = 500(A/F, 3\%, 4) = 500 \times 0.2390 = 119.5(元)$$

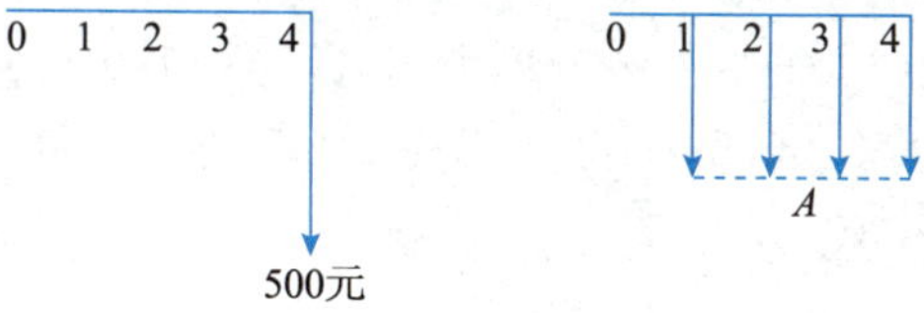

图 2-10 转换后的现金流量图

上述计算得出每个季度的年金为 119.5 元,经转换后,支付期与计息期相同,可直接利用利息公式计算,并适用于其他两年。

所以

$$F = 116.5(F/A, 3\%, 12) = 116.5 \times 14.192 = 1696(元)$$

(3) 计息期长于支付期

通常规定存款必须存满一个计息期时才计利息。这就是说,在计息期间存入的款项在该期不计利息,要到下一期才计利息。因此,在计息期间存入的款项,相当于在下一个计息期期初的存入;在计息期间提取的款项,相当于在前一个计息期期末的支取。

【例 2-18】 有一项财务活动,其现金流量如图 2-11 所示。如年利率为 8%,按季计息,则这个现金流量年末的金额是多少?

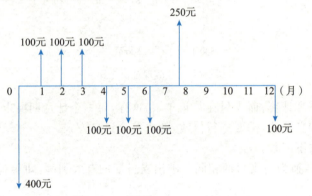

图 2-11 财务活动现金流量图

【解】 根据题意和例 2-16 对现金流量进行整理,可得如图 2-12 所示的现金流量图。

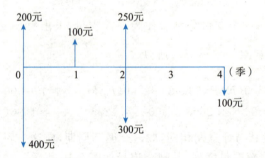

图 2-12 整理后财务活动现金流量图

$$\begin{aligned}F &= (400-200)\times(F/P,2\%,4) - 100(F/P,2\%,3) \\ &\quad + (300-250)\times(F/P,2\%,2) + 100 \\ &= 200\times 1.082 - 100\times 1.061 + 50\times 1.040 + 100 \\ &= 262.3(元)\end{aligned}$$

案例分析　　资金的时间价值训练

项目 3　工程经济分析指标

> 某企业预投资建设一电子厂,该项目初始投资 5000 万元,建设期 2 年,建成当年正式投产。正常生产年份的投入和产出预计是:每个月生产投入劳动力是 1000 人,人均工资为每小时 50 元;投入原材料成本为 3000 万元;每个月产出电子产品 100000 个,每个产品价格为 100 元。假定企业正常运转 30 年后停业,最后设备的剩余价值为 100 万元。
>
> 1. 如果投资者希望每年以 8% 的收益作为投资回报,则公司能否用 10 年回收全部初始投资?
> 2. 该项目最大收益能达到多少?
>
> **思考:**
> 1. 项目投资回报时间的影响因素有哪些?
> 2. 项目的投资收益水平如何衡量?

3.1　价值型指标

3.1.1　净现值

净现值(net present value, NPV)是指工程在整个计算期内各年的净现金流量,按照一定的折现率(一般采用基准折现率 i_c)折算到同一时点(通常是期初)的净现金流量之和。

1. 计算公式

$$\text{NPV}(i) = \sum_{t=0}^{n} \text{CI}_t \times (P/F, i_c, n) - \sum_{t=0}^{n} \text{CO}_t \times (P/F, i_c, n)$$

$$= \sum_{t=0}^{n} (\text{CI} - \text{CO})_t (P/F, i_c, t) \tag{3-1}$$

式中:NPV——净现值;
　　CI——现金流入;
　　CO——现金流出;
　　其他符号含义同前述。

2. 判别准则

用净现值决策项目的判别准则见表 3-1。

表 3-1　净现值决策准则

状　　态	经济性是否可行	含　　义
NPV>0	可行	收益现值大于支出现值，投资收益率超过基准收益率
NPV=0	可行	收益现值等于支出现值，投资收益率等于基准收益率
NPV<0	不可行	收益现值小于支出现值，投资收益率低于基准收益率

3. 优点和缺点

净现值的主要优点：①考虑了资金的时间价值因素，并全面考虑了项目在整个计算期的经营效益；②直接以货币额度代表项目的收益大小，经济意义明确直观。但在计算净现值时，须事先给定基准收益率。

所谓基准收益率，是指对投入项目的资金设定的预期年回报率，也称基准折现率，一般用 i_c 表示。它是评判投资项目经济性的一道门槛，是一个"分界线"，是进行项目经济性决策时的一个重要参数。

基准收益率的确定既受到客观条件的限制，又要考虑投资者的主观愿望。设定基准收益率一般应综合考虑以下几个因素。

(1) 资金成本和机会成本。资金成本是指资金的借款人由于使用贷款人的资金而付出的代价。其表现形式有利息、股利等。机会成本是指一种经济资源往往具有多样用途，选择了一种用途，必然要丧失其他用途的机会，后者可能带来的最大收益是前者的机会成本。如一人拥有一所公寓，选择自住的机会成本就是房子租给他人所能获得的收入。因为机会成本并不牵涉实际金钱交易，所以也称为隐含成本。

显然，项目投资设定的基准收益率应不低于单位资金成本和单位投资的机会成本，这样才能使资金得到最有效的利用。可用式(3-2)表达：

$$i_c \geqslant i_1 = \max\{单位资金成本,单位投资机会成本\} \quad (3-2)$$

(2) 投资风险。项目投资，在投资建设期和生产运营期，内外经济环境可能会发生难以预料的变化，从而使项目的投入和产出偏离原先预期。其中，不利的变化会给决策带来风险，为了补偿可能发生的风险损失，投资者要考虑一个适当的风险贴补率，只有满足了风险贴补，才愿意投资。此时，在设定基准收益率时，常以一个适当的风险贴补率 i_2 来提高 i_c。也就是说，以一个较高的收益水平补偿投资者所承担的风险，风险越大，贴补率越高。

(3) 通货膨胀。在经济分析中，通货膨胀对项目经济性的影响不容忽视。如俄罗斯在 1993 年每月的通货膨胀率为 20%。如果在那个时期进行经济分析时忽略通货膨胀的影响，得出的结果错误程度达到 800% 都是可能的。即使在那些通货膨胀率很低的国家，通货膨胀对经济分析仍可产生显著的影响。

在预期未来存在通货膨胀的情况下，如果项目的投入和产出按预期的各年时价计算，项目资金的收益率中包含有通货膨胀率。为使被选项目的收益率不低于实际预期水平,就应以年通货膨胀率 i_3 修正 i_c 值。此时:

$$i_c = (1+i_1)(1+i_2)(1+i_3) - 1 \approx i_1 + i_2 + i_3 \tag{3-3}$$

如果项目投入和产出在整个项目全寿命期内是按不变价格计算的,就不必考虑通货膨胀对基准收益率的影响。此时:

$$i_c = (1+i_1)(1+i_2) - 1 \approx i_1 + i_2 \tag{3-4}$$

式(3-3)和式(3-4)近似处理的条件是 i_1、i_2、i_3 的数值较小。

在设定基准收益率时,可能出现两个极端情况:一是基准收益率定得太高,可能会使许多经济效益好的项目被拒绝;二是基准收益率定得太低,可能会使一些经济效益不好的项目被采纳。

【例3-1】 某投资方案现金流量见表3-2,若基准收益率为10%,计算方案的净现值。

表 3-2 方案现金流量表   单位:元

年 末	收 入	支 出	净现金流量
0	0	−5000	−5000
1	4000	−2000	2000
2	5000	−1000	4000
3	0	−1000	−1000
4	7000	0	7000

【解】

$$\begin{aligned}
\text{NPV} &= -5000 + 2000 \times (P/F, 10\%, 1) + 4000 \times (P/F, 10\%, 2) - 1000 \\
&\quad \times (P/F, 10\%, 3) + 7000 \times (P/F, 10\%, 4) \\
&= -5000 + 2000 \times 0.9091 + 4000 \times 0.8265 - 1000 \\
&\quad \times 0.7513 + 7000 \times 0.6830 \\
&= 4145 (\text{元})
\end{aligned}$$

如果项目投资是在期初一次投入 I,各年净现金流量相等为 A,净现值可用下式计算:

$$\text{NPV} = -I + A(P/A, i_c, n)$$

4. 净现值函数

根据净现值计算公式,在项目的现金流量确定的情况下,基准收益率变动时,净现值将发生改变。因此,可以确定一个因变量为净现值,自变量为基准收益率的函数,如净现值是以基准收益率作为折现率计算的,且折现率 i 为未知数,则净现值与折现率为函数关系(图3-1),该函数称为净现值函数。即用式(3-1)表示为

$$\begin{aligned}
\text{NPV}(i) &= \sum_{t=0}^{n} (\text{CI} - \text{CO})_t (P/F, i, n) \\
&= \sum_{t=0}^{n} \frac{(\text{CI} - \text{CO})_t}{(1+i)}
\end{aligned} \tag{3-5}$$

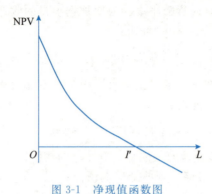

图 3-1　净现值函数图

L—基准收益率；I'—NPV＝0 时的收益率

对于既定方案，其净现值随着折现率的增加而逐渐变小，因此出现以下三种情况。

(1) NPV(i)＞0，表明该方案的投资达到了既定的收益率（基准收益率）还能得到超额的收益，其超额部分的现值就是净现值。

(2) NPV(i)＝0，表明该方案恰好取得既定的收益率。

(3) NPV(i)＜0，表明该方案没有达到既定的收益率。

【例 3-2】　求图 3-2 所示某项目净现值函数表达式，并用描点法作净现值函数曲线。

【解】

$$NPV(i)=\sum_{t=0}^{4}(CI-CO)_t(P/F,i,t)$$
$$=-1000+400(P/A,i,4)$$
$$=-1000+400\frac{(1+i)^4-1}{i(1+i)^4}$$

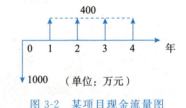

图 3-2　某项目现金流量图

将 i 用离散点值代入上式，可求得对应的 NPV 值，见表 3-3。

表 3-3　不同基准收益率对应的净现值　　　　　　　　　　　单位：元

i	0	5%	10%	15%	20%	22%	25%	30%	+∞
NPV/万元	600	418.4	268.0	142.0	35.49	0	−55.4	133.5	−1000

根据表 3-3，以横轴代表自变量基准收益率，以纵轴代表因变量净现值，净现值函数曲线如图 3-3 所示。

对于寻常投资项目，净现值函数曲线特征大致如图 3-3 所示。所谓寻常投资，是指在项目初期投入之后的收益，并且收益的代数和大于投入的代数和。

寻常投资净现值函数具有的特点如下。

(1) 净现值随基准收益率的增大而减小。

(2) 随着基准收益率增大，净现值由正变负，当基准收益率为某一数值 IRR 时，净现值等于零。IRR 是一个具有重要经济意义的评价指标。

5. 与净现值等价的其他指标

净现值计算是将项目计算期内所有净现金流量折算到期初，实际上可将现金流量折

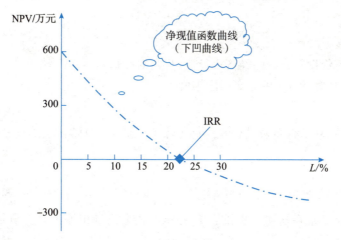

图 3-3 净现值函数曲线图

算到任何一个时间点上进行分析。

(1) 净终值(NFV)是指按基准收益率计算的项目计算期内净现金流量的终值之和。其表达式为

$$\text{NFV} = \sum_{t=0}^{n}(\text{CI}-\text{CO})_i(1+i_c)^{n-t}$$
$$= \sum_{t=0}^{n}(\text{CI}-\text{CO})_t(F/P,i_c,n-1) \tag{3-6}$$

用净终值评价投资方案的经济可行性,其判别准则是 NFV≥0。

【例 3-3】 计算例 3-1 中方案的净终值。

【解】

$$\begin{aligned}\text{NFV} &= -5000\times(F/P,10\%,4)+2000\times(F/P,10\%,3)+4000\\&\quad\times(F/P,10\%,2)-1000\times(F/P,10\%,1)+7000\\&= -5000\times1.4641+2000\times1.3310+4000\times1.2100-1000\\&\quad\times1.1000+7000\\&= 6082(元)\end{aligned}$$

如果项目投资是在期初一次投入 I,各年净现金流量相等为 A;净终值可用下式计算:

$$\text{NFV} = -I(F/P,i_c,n)+A(F/A,i_c,n)$$

(2) 净年值(NAV)。净年值是指按基准收益率将项目计算期内净现金流量折算为各期末的等额支付序列之和。其表达式为

$$\text{NAV} = \text{NPV}(A/P,i_c,n)$$

或

$$\text{NAV} = \text{NFV}(A/F, i_c, n) \tag{3-7}$$

用净年值评价投资方案的经济可行性,其判别准则是 NAV≥0。

【例 3-4】 计算例 3-1 中方案的净年值。

【解】

$$\text{NAV} = 4154 \times (A/P, 10\%, 4) = 4154 \times 0.3155 = 1311(\text{元})$$

或

$$\text{NAV} = 6082 \times (A/F, 10\%, 4) = 6082 \times 0.2155 = 1311(\text{元})$$

如果项目投资是在期初一次投入 I,各年净现金流量相等为 A。净年值的计算公式如下:

$$\text{NAV} = -I(A/P, i_c, n) + A$$

3.1.2 费用现值

在对多个方案进行比较选择时,如果诸方案的产出价值相同,或者诸方案能够满足相同的需要,但产生的经济效益难以用价值形式(货币)计量时(如劳动条件的改善、教育、环保、国防等),就可以通过费用现值对各方案进行选择。

费用现值(present cost,PC)是指包含从项目投资开始到项目终结的整个项目寿命期内所发生的全部费用,按照一定的折现率折现到同一时点(通常是期初)的现值累加值。

1. 计算公式

费用现值的表达式为

$$\text{PC} = \sum_{t=0}^{n} \text{CO}_t (P/F, i_c, t) \tag{3-8}$$

式中:PC——费用现值;

CO_t——第 t 年的现金流出;

$(P/F, i_c, t)$——复利现值系数。

2. 判别准则

费用现值只能用于多方案的比选,其判别准则是费用现值最小的方案为优。

【例 3-5】 某项目有三个方案 A、B、C,均能满足同样的需要。各方案的费用数据如表 3-4 所列。在基准折现率 $i_c=10\%$ 的情况下,计算各方案的费用现值并确定最优方案。

表 3-4 三个方案的费用数据　　　　　　　　　　单位:万元

方案	初始投资	年运营费用(1~5 年)	年运营费用(6~10 年)
A	80	15	15

续表

方案	初始投资	年运营费用(1~5 年)	年运营费用(6~10 年)
B	105	12	12
C	115	8	10

【解】 各方案的费用现值计算如下：

$$PC_A = 80 + 15(P/A, 10\%, 10) = 80 + 15 \times 6.145 = 172.18(万元)$$
$$PC_B = 105 + 12(P/A, 10\%, 10) = 105 + 12 \times 6.145 = 178.74(万元)$$
$$PC_C = 115 + 8(P/A, 10\%, 5) + 10(P/A, 10\%, 5)(P/F, 10\%, 5)$$
$$= 115 + 8 \times 3.791 + 10 \times 3.791 \times 0.6209 = 168.87(万元)$$

根据费用最小的选优原则，方案 C 为最优，方案 A 次之，方案 B 最差。

3.1.3 费用年值

费用年值(annual cost, AC)是指按基准折现率，通过等值换算，将方案计算期内各年不同时点的现金流出分摊到计算期内各年的等额年值。

1. 计算公式

费用年值的表达式为

$$AC = PC(A/P, i_c, n)$$
$$= \left[\sum_{t=0}^{n} CO_t(P/F, i_c, t)\right](A/P, i_c, n) \tag{3-9}$$

式中：AC——费用年值；

$(A/P, i_c, n)$——资本回收系数；

其余符号意义同前述。

2. 判别准则

费用年值只用于多方案的比选，其判别准则与费用现值一致，费用年值最小的方案为最优。

【例 3-6】 计算例 3-5 中各方案的费用年值。

$$AC_A = 15 + 80(A/P, 10\%, 10) = 20.02(万元)$$
$$AC_B = 12 + 105(A/P, 10\%, 10) = 29.09(万元)$$
$$AC_C = [115 + 8(P/A, 10\%, 5) + 10(P/A, 10\%, 5), (P/F, 10\%, 5)](A/P, 10\%, 10)$$
$$= 27.48(万元)$$

根据费用最小的选优原则，计算结果表明方案 C 最优，方案 A 次之，方案 B 最差。该结论与应用费用现值指标的评价结果一致。

所以费用现值与费用年值的关系，如同净现值和净年值的关系，二者除了在指标含义上有所不同外，就评价结论而言，二者是等效评价指标。

3.2 效率型指标

3.2.1 内部收益率

净现值法能用绝对量表示项目获利能力,能明确项目的投资回报率高于基准收益率,但不能得到项目的投资回报率。内部收益率法能够解决这个问题,它能求得项目固有的投资回报率,即内部收益率(internal rate of return)。在所有的经济评价指标中,内部收益率与净现值是最基本的动态评价指标。

内部收益率是净现值等于零时所对应的折现率。它满足方程:

$$\sum_{t=0}^{n}(CI-CO)_t(1+IRR)^{-t} = \sum_{t=0}^{n}(CI-CO)_t(P/F,IRR,t) = 0 \quad (3-10)$$

式中:IRR——内部收益率,是方程中要求的变量。

1. 计算公式

求解内部收益率是解出以折现率为未知数的多项高次方程。当各年的净现金流量不相等且计算期较长时,求解内部收益率相当烦琐,通常采用"线性内插法"求解内部收益率的近似值。

即根据净现值函数曲线的特点,经过试算,选取一个接近 IRR 的横坐标点 i_1,对应的纵坐标值 NPV_1($NPV_1>0$),而后再选取一个横坐标点 i_2,对应的纵坐标值 NPV_2($NPV_2<0$),用两点连线与横轴的交点可近似表示 IRR。

$$IRR = i_1 + \frac{NPV_1}{NPV_1 + |NPV_2|}(i_2 - i_1) \quad (3-11)$$

为保证计算进度,一般要求 $i_2 - i_1 < 5\%$。

运用"线性内插法"求解内部收益率近似值,如图 3-4 所示。

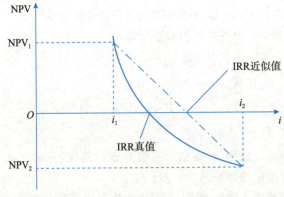

图 3-4 "线性内插法"求解内部收益率近似值示意图

2. 判别准则

用内部收益率决策项目时的判别准则见表 3-5。

表 3-5 内部收益率判别标准

情　形	经济性是否可行	含　义
IRR$>i_c$	可行	投资收益率超过基准收益率，收益大于支出
IRR$=i_c$	可行	投资收益率等于基准收益率，收益等于支出
IRR$<i_c$	不可行	投资收益率低于基准收益率，收益低于支出

【例 3-7】　王先生投资 30 万元购买了一处房产，房产出租每年可获得 2 万元收入。第 5 年年末，王先生以 40 万元的价格将房产卖出。现金流量图如图 3-5 所示。求王先生投资房产的内部收益率。

【解】　当 $i_0=8\%$ 时，$NPV_0=-30+2(P/A,8\%,5)+40(P/F,8\%,5)=5.5$（万元）
当 $i_1=10\%$ 时，$NPV_1=-30+2(P/A,10\%,5)+40(P/F,10\%,5)=2.4$（万元）
当 $i_2=12\%$ 时，$NPV_2=-30+2(P/A,12\%,5)+40(P/F,12\%,5)=-0.1$（万元）
将 i_1、NPV_1、i_2、NPV_2 代入式(3-12)，则

$$IRR=10\%+\frac{2.4}{2.4+|-0.1|}\times(12\%-10\%)=11.9\%$$

特殊的现金流量，可以直接求内部收益率。如图 3-6 所示的现金流量图，内部收益率 $IRR=\frac{A}{P}\times100\%$。

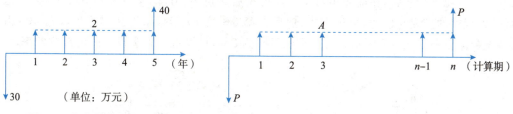

图 3-5　房产投资现金流量图　　　　图 3-6　特殊的现金流量图

3. 内部收益率的经济含义

内部收益率的经济含义可以理解为在项目全生命周期内按利率 $i=IRR$ 计算，始终存在未能回收的投资，而在全生命周期结束时，投资恰好被完全收回。也就是说，项目在全生命期内始终处于"偿付"未被回收的投资状况。因此，项目的"偿付"能力完全取决于项目内部，故称为内部收益率。

项目的内部收益率是项目到计算期期末正好将未收回的资金全部收回来的折现率，是项目对贷款利率的最大承担能力。从项目现金流量在计算期内的演变过程可发现，在整个计算期内，未回收投资始终为负，只有计算期期末的未回收投资等于零。内部收益率

越高,方案的经济性越好。

【例 3-8】 分析例 3-7 中房产投资的回报过程。

【解】 房产投资的回报过程见表 3-6。

表 3-6 房产投资的回收过程

年限	第 t 年年初 项目占用资金 ①	第 t 年 项目占用资金年报酬 ②=｜①｜×IRR	第 t 年年末 从项目取现额度 ③	第 t 年年末 项目占用资金 ④=①-②+③
1	−30.00	3.57	2	−31.57
2	−31.57	3.76	2	−33.33
3	−33.33	3.97	2	−35.30
4	−35.30	4.20	2	−37.50
5	−37.50	4.50	2	0.00

从表 3-6 可以看出,在售出之前,房产一直占用王先生的投资。各年年初房产占用的投资不相等,但各年年初房产占用投资的报酬率是相等的,等于内部收益率。通过售出房产,在第 5 年年末刚好回收全部投资。

4. 内部收益率的几种特殊情况

1) 具有多个形式的内部收益率的情况

对于寻常投资项目,内部收益率具有唯一性,但有些特殊的项目现金流量,存在多个形式的内部收益率。

【例 3-9】 某公司承包一个装卸码头的业务,按合同要求及经济预算,运营 10 年,开始以 10 万元进行修整,在前 4 年每年可获得税后收益 80 万元,第 5 年投入 1800 万元进行较大规模的扩充与修理,当年完成,然后在第 6～第 10 年每年可获得税后收益 400 万元,现金流量图如图 3-7 所示。若基准收益率为 8%,计算这一码头投资的内部收益率。

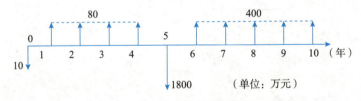

图 3-7 某项目现金流量图

【解】 净现值函数为

$$NPV(i) = -10 + 80(P/A, i, 4) - 1800(P/F, i, 5) + 400(P/A, i, 5)(P/F, i, 5)$$

令 $NPV(i) = 0$,应用"线性内插法",可得 $i_1 = 14.4\%$, $i_2 = 68.8\%$(事实上还存在一个 $i_3 > 100\%$)。

但 i_1、i_2、i_3 都不是项目的内部收益率。它们只是形式上满足 $NPV(i) = 0$,但不具有内部收益率的经济含义。

如按 $i_1=14.4\%$ 验证，第 1 年年初投资 10 万元带来的年末回报应该是 11.44 万元。实际上第 1 年年末收入 80 万元，即第 1 年年末项目已经不占用资金了。因此，14.4% 不是项目的内部收益率。

事实上，方程 $\mathrm{NPV}(i)=0$ 是一个高次方程。为表述方便，令 $(1+\mathrm{IRR})^{-1}=X$，$F_t=\mathrm{CI}_t-\mathrm{CO}_t (t=0,1,2,\cdots,n)$，则 $\mathrm{NPV}(i)=0$ 可写成

$$F_0+F_1x+F_2x^2+F_3x^3+F_nx^n=0$$

这是一个实系数的 n 次方程，必存在 n 个复数解。该方程解的情况符合"笛卡儿符号法则"。

所谓笛卡儿符号法则，是指系数为实数的 n 次多项式，其正实数解的数目不会超过其系数列 $F_0,F_1,F_2,\cdots,F_n$ 中符号的变化次数。

如在例 3-9 中，净现值函数系数分别是 -10、80、-1800、400，系数符号变化了 3 次。求解所得的正实数解是 3 个，没有超过系数符号变化的次数。

满足 $\mathrm{NPV}(i)=0$ 的实数解并不肯定是内部收益率，需要逐一验证。只有符合内部收益率的经济含义才是内部收益率。

2) 不存在内部收益率的情况

内部收益率不存在的典型现金流量图及对应的净现值函数曲线如图 3-8 所示，不存在内部收益率的情况说明见表 3-7。

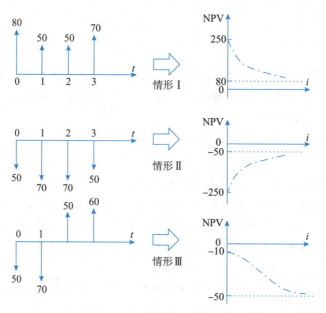

图 3-8　内部收益率不存在的典型现金流量图及对应的净现值函数曲线

3) 非投资情况

这种情况是先从项目中取得资金，然后将得到的资金用于另外的项目。如 TOT 融资模式中，政府投资建设公共工程，之后移交民营企业运营管理。政府用取得的资金再建

设其他项目。

表 3-7 不存在内部收益率的情况说明

情形	说 明
情形Ⅰ	净现金流量始终为正,这种情况下始终 NPV>0,净现值函数与横轴没有交点,故没有内部收益率
情形Ⅱ	净现金流量始终为负,这种情况下始终 NPV<0,净现值函数与横轴没有交点,故没有内部收益率
情形Ⅲ	净现金流量开始为负,以后为正,但现金流的代数和仍然为负数,这种情况下始终 NPV<0,净现值函数与横轴没有交点,故没有内部收益率

图 3-9 所示是一种非投资情况。这种情况下,只要现金流出量的代数和大于现金流入量的代数和,一般就存在内部收益率。

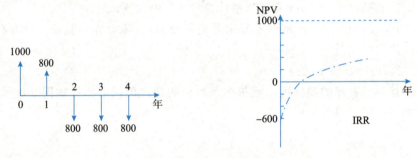

图 3-9 非投资情况现金流量图

不过,非投资情况的净现值函数曲线与寻常投资的净现值函数曲线形式刚好相反,即随着基准折现率的逐渐增大,净现值也逐渐增大,并由负变正。判断时,当内部收益率小于基准收益率时,项目才可行。

可以验证,图 3-7 中的内部收益率 IRR=12.16%。

5. 优点与不足

IRR 考虑了资金的时间价值以及项目在整个计算期内的经济状况,不仅能反映投资过程的收益程度,而且 IRR 的大小不受外部参数影响,完全取决于项目投资过程净现金流量系列的情况。这种项目内部决定性,使它在应用中具有一个显著的优点,即避免了像净现值之类的指标那样需事先确定基准收益率这个难题,只需要知道基准收益率的大致范围即可。

不足之处是其仅适用于寻常投资方案的经济评价。对于非寻常投资项目来讲,其内部收益率往往不是唯一的,在某些情况,甚至不存在。

3.2.2 外部收益率

外部收益率(external rate of return,ERR)指标是建立在投资方不把项目的收益闲置起来,而是以基准收益率将项目当年收益重新投资到其他项目上去这一基础上的投资收益率指标。也就是说,将净现金流量为正的年份的"净现金流入量",用基准收益率计算至项目寿命期期末的终值,并将这些终值累计;将净现金流量为负的年份的"净现金流出量"也用基准收益率折现到项目寿命期期初,并将这些折现值累计。外部收益率就是这两个累计值之间的一个折现系数,用 ERR 表示。

1. 计算公式

一般情况下,外部收益率满足方程:

$$\sum_{t=0}^{n} R_t(F/P, i_c, n-t) = \left[\sum_{t=0}^{n} D_t(P/F, i_c, t)\right](F/P, \text{ERR}, n) \tag{3-12}$$

式中:R_t——第 t 年的收益额;

D_t——第 t 年的投资额;

ERR——外部收益率。

2. 判别准则

用外部收益率指标决策项目时,需要与基准收益率比较。判别准则见表 3-8。

表 3-8 外部收益率决策准则

情　形	经济上是否可行	含　义
ERR>i_c	可行	投资收益率水平超过基准收益率水平
ERR=i_c	可行	投资收益率水平刚好达到基准收益率水平
ERR<i_c	不可行	投资收益率水平低于基准收益率水平

【例 3-10】 以例 3-9 为例,若在营运过程中,各年的净收入都以 8% 的回报率重投资,则重投资的 F 值为

$$F = 80(F/A, 8\%, 4)(F/P, 8\%, 5) + 400(F/A, 8\%, 5) = 21918.7(\text{万元})$$

该码头投资分两次,其中第 5 年的 1800 万元,可看作是第 1 年年初的一笔资金以 8% 的回报率向其他项目投资的所得,所以以第 1 年年初为基准年,该码头总的投资 P 应为

$$P = 10 + 1800(P/F, 8\%, 5) = 1235.1(\text{万元})$$

根据外部收益率含义,码头投资的外部收益率满足等式

$$1235.1(F/P, \text{ERR}, 10) = 2918.7$$

即

$$1235.1(1+\text{ERR})^{10} = 2918.7$$

解得 ERR=9%。

由于 ERR>i_c,因此,码头投资经济上可行。

3. 优点

求解投资外部收益率比求解投资内部收益率计算量要少得多,简洁得多。

外部收益率法没有多根问题。对于寻常投资项目，内部收益率有唯一解。当投资方案的净现金流量的符号改变多次时，内部收益率就存在多根的可能性，使得经济评价、比较无所适从。而对于投资外部收益率，则不存在多根问题。

外部收益率法比内部收益率法所得的结论更为准确地反映工程投资收益率的真实水平。内部收益率法假定其收益率时，会产生十分明显的偏差，从实际情况看，这并非合理。而外部收益率法则假定其收益能按基准收益率再投资，这种基准收益率乃是根据资金的来源、构成、投向和风险因素，以及资金供需情况确定的，比较符合客观实际。

3.2.3 差额投资内部收益率

差额投资内部收益率(internal rate of return, IRR)比较法是一种差额分析(或增量分析)方法。

差额投资内部收益率是指由两个互斥方案的差额现金流量计算得到的内部收益率，即差额投资净现值等于零时的折现率。一般用 ΔIRR 表示，简化为 $\Delta i'$，其表达式为

$$\sum_{t=0}^{n}[(CI-CO)_{大}-(CI-CO)_{小}] \cdot (1+\Delta i')^{-t}=0 \tag{3-13}$$

式中：$(CI-CO)_{大}$——投资大的方案净现金流量；

$(CI-CO)_{小}$——投资小的方案净现金流量；

n——项目计算期。

计算的差额投资内部收益率，与设定的基准收益率进行对比，当差额投资内部收益率大于基准收益率时，以投资大的方案为优；反之，以投资小的方案为优。在进行多方案比较时，应先按投资大小，由小到大排序，再依次就相邻方案两两比较，从中选出最优方案。

【例 3-11】用差额投资内部收益率比较法对例 3-5 中的三个互斥方案进行比选。

【解】

(1) 选择初始投资最小的 A1 方案为临时最优方案，作为比较基准。

(2) 选择初始投资较高的 A2 方案作为比较方案，计算两方案的现金流量之差，并计算出内部收益率。

$$NPV_{A2-A1}=-3000+500\times(P/A,15\%,10)=-490.60(万元)$$
$$\Delta i'_{A2-A1}=10.5\%$$

因 $\Delta i'_{A2-A1}=10.5\%<15\%(i_c)$，说明增量投资没有达到所设定的基准收益率水平，所以 A2 方案不如 A1 方案，将其舍弃，A1 方案仍为临时最优方案。

(3) 反复下去，直到所有方案比较完毕，可找到最优方案。A3 方案与 A1 方案比较，计算得

$$NPV_{A3-A1}=-5000+1100\times(P/A,15\%,10)=520.68(万元)$$
$$\Delta i'_{A3-A1}=17.6\%$$

因 $\Delta i'_{A3-A1} = 17.6\% > 15\%(i_c)$，说明 A3 方案优于 A1 方案。即 A3 方案为最后最优方案。

从上述例子可以看出，采用差额投资内部收益率比较法和净现值比较法其结论是一致的。

但不能直接使用方案的内部收益率进行比较，否则会得出不一致的结论。当然，有时也可能得出一致的结论，可用上述例子及净现值函数图说明。

上述例子中，基准收益率为15%，得出 A3 方案为最后最优方案。如果基准收益率为20%，同样用两种方法比较，最后会得出方案 A1 为最优方案（比较过程略）。但无论基准收益率为多少，三个方案的内部收益率分别为 25%、19.9%、21.9%，即 A1 方案内部收益率为最大。

对互斥方案 A1 与 A3 进行选择的情形如图 3-10 所示。其中，17.6% 为两方案的差额投资内部收益率。因此，差额投资内部收益率也可以表述为：使两方案净现值相等的折现率。

如图 3-10 所示，两方案比较，当 $i_c < 17.6\%$ 时，$\Delta i'_{A3-A1} > i_c$ 说明 A3 方案优于 A1 方案，即 $NPV_{A3} > NPV_{A1}$；当 $i_c > 17.6\%$ 时，$\Delta i'_{A3-A1} < i_c$，说明 A1 方案优于 A3 方案，即 $NPV_{A3} < NPV_{A1}$。

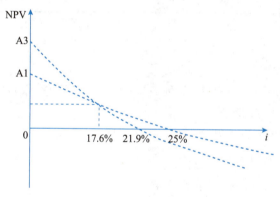

图 3-10 互斥方案比较选择图

3.2.4 净现值率

净现值率(net present value rate, NPVR)是指项目净现值与总投资现值的比率，是一种动态投资收益指标，用于衡量不同投资方案的获利能力大小，说明项目单位投资现值所能实现的净现值大小。净现值率小，单位投资的收益就低，净现值率大，单位投资的收益就高。

1. 计算公式

净现值率的经济含义是单位投资现值所能带来的净现值，是一个考察项目单位投资盈利能力的指标，常作为净现值的辅助评价指标。计算公式为

$$\text{NPVR} = \frac{\text{NPV}}{K_p} = \frac{\text{NPV}}{\sum_{t=0}^{n} K_t (1+i_c)^{-t}} \tag{3-14}$$

式中：NPVR——净现值率；
K_p——方案全部投资的现值；
K_t——方案第 t 年的投资额。

2. 决策准则

用净现值率决策方案时，当 NPVR≥0 时方案可行；当 NPVR<0 时，方案不可行。用净现值率优选方案时，以净现值大者为优。

【**例 3-12**】 某工程有 A、B 两个方案，现金流量见表 3-9，基准收益率为 12%，试用净现值和净现值率择优方案。

表 3-9 两方案的现金流量表　　　　　　　　　　单位：万元

方案	0	1	2	3	4	5
A	−2000	600	1000	1000	1000	1000
B	−3000	500	1500	1500	1500	1500

【**解**】

(1) 用净现值法比选

$$\text{NPV}_A = -2000 + 600(P/F, 12\%, 1) + 1000(P/A, 12\%, 4)(P/F, 12\%, 1)$$
$$= 1247.5 (万元)$$
$$\text{NPV}_B = -3000 + 500(P/F, 12\%, 1) + 1500(P/A, 12\%, 4)(P/F, 12\%, 1)$$
$$= 1514.1 (万元)$$

因此，从方案的绝对贡献额看，应选 B 方案。

(2) 用净现值率法比选

$$\text{NPVR}_A = \frac{1247.5}{2000} = 0.62375$$

$$\text{NPVR}_B = \frac{1514.1}{3000} = 0.5047$$

从单位投资现值获利能力看，应选 A 方案。

由计算可见，用净现值率法与净现值法优选项目，结论有时相反。一般情况下，当对投资额相近的方案进行优选时，才使用 NPVR 作为辅助性指标。

3.2.5 投资收益率

根据目的不同，投资收益率分为总投资收益率和资本金净利润率等。

1. 总投资收益率

总投资收益率(ROI)是指项目达到设计生产能力后正常年份的年息税前利润(或运营期年平均税前利润)与项目总投资的比率,是一个静态分析指标。计算公式为

$$\mathrm{ROI} = \frac{\mathrm{EBIT}}{\mathrm{TI}} \times 100\% \tag{3-15}$$

$$\mathrm{EBIT} = 年利润总额 + 年利息支出 \tag{3-16}$$

$$\mathrm{TI} = 建设投资(含建设期利息) + 流动资金投资 \tag{3-17}$$

式中:EBIT——息税前利润,指支付利息和所得税之前的利润,剔除了融资方案对利润的影响;

  TI——项目总投资。

总投资收益率高于同行业的收益参考值,表明用总投资收益率表示的盈利能力满足要求。

2. 资本金净利润率

资本金净利润率(ROE)是指项目达到设计能力后的正常年份的年净利润(或运营期年平均净利润)与项目资本金的比率,是一个静态分析指标。计算公式为

$$\mathrm{ROE} = \frac{\mathrm{NP}}{\mathrm{EC}} \times 100\% \tag{3-18}$$

$$\mathrm{NP} = 年利润总额 - 年所得税 \tag{3-19}$$

式中:NP——正常年份的年净利润(或运营期年平均净利润);

  EC——项目资本金。

项目资本金净利润高于同行业的净利润参考值,表明用项目资本金净利润率表示的盈利能力满足要求。

3. 投资收益率指标的优点与不足

投资收益率指标经济意义明确、直观,计算简便,在一定程度上反映了投资效果的优劣,可适用于各种投资规模。但不足的是没有考虑投资收益的时间因素,忽视了资金具有时间价值的重要性;指标的计算主观随意性太强,正常生产年份的选择比较困难,以投资收益率指标作为主要的决策依据不太可靠。

投资收益率主要用在工程建设方案制定的早期阶段或研究过程中,且计算期较短、不具备综合分析所需详细资料的方案,尤其适用于工艺简单而生产情况变化不大的工程建设方案的选择和投资经济效果的评价。

3.2.6 偿债能力指标

偿债能力指标主要有利息备付率、偿债备付率、资产负债率、流动比率、速动比率等。

1. 利息备付率

利息备付率(ICR)是指项目在借款偿还期内各年可用于支付利息的息税前利润与当期应付利息费用的比值。计算公式为

$$\text{ICR} = \frac{\text{EBIT}}{\text{PI}} \times 100\% \tag{3-20}$$

式中:ICR——息税前利润;
 PI——计入总成本费用的应付利息。

利息备付率应分年计算,它从付息资金来源的充裕性角度,反映项目偿付债务利息的能力,表示使用项目息税前利润偿付利息的保证倍率。对于正常经营的项目,利息备付率应大于1,并结合债权人的要求确定。

2. 偿债备付率

偿债备付率(DSCR)是指项目在借款偿还期内,各年可用于还本付息的资金与当期应还本付息金额的比值。计算公式为

$$\text{DSCR} = \frac{\text{EBITDA} - \text{TAX}}{\text{PD}} \times 100\% \tag{3-21}$$

式中:EBITDA——息税前利润加年折扣和年摊销;
 TAX——企业所得税;
 PD——当期应还本付息的金额。

偿债备付率应分年计算,它表示各年可用于还本付息的资金偿还当期应还本付息的保证倍率。正常情况下应当大于1,并结合债权人的要求确定。当指标小于1时,表示当年奖金来源不足以偿还当期债务,需要通过短期借债偿付已到期债务。

3. 资产负债率

资产负债率是指各期期末负债总额与同期资产总额的比率,它既能反映企业利用债权人提供资金进行经营活动的能力,也能反映企业经营风险的程度,是综合反映企业偿债能力的重要指标。计算公式为

$$\text{资产负债率} = \frac{\text{负债总额}}{\text{资产总额}} \times 100\% \tag{3-22}$$

式中:负债总额是指企业的全部负债,不仅包括长期负债,而且包括流动负债及其他短期负债。资产总额指企业的全部资产总额,包括固定资产、流动资产、无形资产和递延资产等。

要判断资产负债率是否合理,要看从谁的立场考虑问题。

1)从债权人的立场

债权人最关心的是贷出款项的安全程度,也就是能否按期收回本金和利息。如果股东提供资本与资本总额相比,只占较小的比例,则经营风险将主要由债权人负担,这对债权人来讲是不利的。因此,债权人希望债务比例越大越好。

2)从股东的角度

通过举债筹措的资金与股东提供的资金在经营中发挥同样的作用,股东关心的是全部资本利润率是否超过借入款项的利率。当全部资本利润率超过借款利率时,股东所得到的利润就会加大;相反,当全部资本利润率低于借款利率,则对股东不利,因为借入资本的多余的利息要用股东所得的利润份额来弥补。因此,从股东的立场看,在全部资本利润

率高于借款利率时,负债比例越大越好;否则,负债比例越小越好。

3) 从经营者的立场

如果举债很大,超出债权人心理承受程度,企业就借不到钱。如果企业不举债,或负债比例很小,说明企业畏缩不前,对前途信心不足,利用债权人资本进行经营活动的能力很差。从财务管理的角度来看,企业应当审时度势,全面考虑,在利用资产负债率制订借入资本决策时,必须充分估计预期的利润和增加的风险,在两者之间权衡利害得失,作出正确决策。

在不同的国家,资产负债率有不同的标准。如中国人传统上认为,理想化的资产负债率在40%左右。这只是一个常规的数字,很难深究其原因,就像说一个人的血压为80～120mmHg是正常的,70～110mmHg也是正常的一样。欧美国家认为理想化的资产负债率是60%左右,东南亚国家认为可以达到80%。

4. 流动比率

流动比率是企业一定时期流动资产同流动负债的比率,是衡量企业短期风险的指标。计算公式为

$$流动比率 = \frac{流动资产}{流动负债} \times 100\% \tag{3-23}$$

流动比率指标的经济意义是:每一单位货币的流动负债有多少流动资产来作为偿债担保。通常流动比率值取120%～200%较为合适。国际公认的标准比率是200%,表明每1元的流动负债都有2元的流动资产作偿债准备。因为在流动资产中,变现能力最差的存货的金额,一般约占到流动资产总额的一半,其余流动性较大的流动资产至少要与流动负债相等。若此比例过小,则表明企业对到期的负债难以偿清;但若此比例过大,则又说明大量的流动资产还没有得到充分的利用,可能造成了浪费。同时,流动比率指标还应与同行业的平均水平(由历史数据提供)相对比才能分辨出高下。需要注意的是,通常流动比率的合理取值对于不同行业和不同销售季节也是各不相同的。例如,商业零售企业所需的流动资产往往要高于制造企业,因为前者需要在存货方面投入较大的资金。另外,企业的经营和理财方式也影响流动比率。影响流动比率的基本因素主要有营业(经营)周期、流动资产中的应收账款和存货的周转速度三项内容。

流动比率的使用相当广泛,但其有一定的局限性。因为流动资产除了货币资金外,还有存货、应收账款、待摊费用等,有可能流动比率高,但真正用来偿债的现金和存款却严重短缺。所以流动比率指标不具有真正流动的性质,并非衡量资金流动性十分有效的方法,因而在实际应用中,通常结合速动比率指标对企业(或项目)的财务状况和偿债能力进行分析评估。

5. 速动比率

速动比率是企业一定时期流动资产金额减去存货金额后,再除以流动负债的比值。计算公式为

$$速动比率 = \frac{速动资产}{流动负债} \times 100\% \tag{3-24}$$

式中：

$$速动资产 = 流动资产 - 存货 \qquad (3-25)$$

把存货从流动资产中剔除的主要原因：一是在流动资产中存货的变现速度最慢；二是由于种种原因，部分存货可能已损失报废还没作处理；三是部分存货已抵押给某债权人；四是存货估价存在着成本与合理市价相差悬殊等问题。

综上，在不希望企业用变卖存货的办法还债，以及排除使人产生种种误解因素的情况下，把存货从流动资产总额中减去而计算出的速动比率反映的短期偿债能力更加可信。

该指标越高，说明企业偿还流动负债的能力越强。与流动比率一样，该指标过高，说明企业资金利用效率低，对企业的运营也不利。国际公认的标准比率为100%。同样，行业间该指标也有较大差异，实践中应结合行业特点分析判断。

3.3 时间型指标

3.3.1 静态投资回收期

静态投资回收期（P_s）是指不考虑资金时间价值的情况下，用年净收益回收全部投资所需的时间，一般以年为单位。对工程来说，投资回收期一般自项目开工建设开始年算起。

1. 计算公式

静态投资回收期满足：

$$\sum_{t=0}^{P_s}(CI-CO)_t = 0 \qquad (3-26)$$

式中：P_s——静态投资回收期，待求的量，其余符号含义同前。

静态投资回收期一般根据全部投资现金流量表中的累计净现金流量计算求得，计算公式为

$$P_s = T - 1 + \frac{|第\ T-1\ 年的累计净现金流量|}{第\ T\ 年的净现金流量} \qquad (3-27)$$

式中：T——累计净现金流量首次出现正值或零的年份。

2. 决策准则

用静态投资回收期评价项目时，需将静态投资回收期与投资者设定的基准投资回收期（P_c）比较。当 $P_s \leqslant P_c$ 时，从回收资金快慢的角度，可以接受投资方案；反之，当 $P_s > P_c$ 时，不接受投资方案。

【例 3-13】 某养殖项目的现金流量如图 3-11 所示，行业基准投资回收期为 6 年，从回收资金的角度，分析该项目的可行性。

【解】 项目各年累计净现金流量计算结果列于表 3-10。

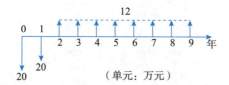

图 3-11 项目的现金流量图

表 3-10 累计净现金流量表　　　　　　　　　　　　　　　单位:万元

年份	0	1	2	3	4	5	6	7	8	9
净现金流量	−25	−20	12	12	12	12	12	12	12	12
累计净现金流量	−25	−45	−33	−21	−9	3	15	27	39	51

由表 3-10 可知,各年累计净现金流量首次出现正值的年份为 $T=5$ 年,该年对应的净现金流量为 12 万元,上年(即第 4 年)对应的累计净现金流量绝对值为 9 万。代入公式,静态投资回收期为

$$P_s = 5 - 1 + \frac{9}{12} = 4.75(年)$$

由于 $P_s=4.75 < P_c=6$ 年,从回收投资快慢的角度来看,可以接受该投资方案。

3. 优点和缺点

静态投资回收期的优点:①概念清晰,直观性强,计算简单,主要适用于方案的粗略评价;②也是最重要的,该指标不仅在一定程度上反映项目的经济性,而且反映项目的风险大小。这就是回收期法之所以被广泛使用的主要原因。对一些资金筹措困难的公司,希望能尽快地将资金回收,回收期越长,其风险越大,反之,风险越小。因此,作为能够反映一定经济性和风险性的投资回收期指标,静态投资回收期可以作为项目评价的辅助性指标,在项目评价中具有独特的地位和作用,如当未来的情况很难预测,而投资者又特别关心资金的补偿速度时,静态投资回收期是很有用的。

静态投资回收期的缺点:一般认为静态投资回收期只能作为一种辅助指标,而不能单独使用,其原因如下。

(1) 没有考虑资金的时间价值,当项目运行时间较长时,计算方法不太科学,计算结果不太准确,以此为依据的评价有时不可靠。

(2) 由于没有考虑回收期以后的收入与支出数据,故不能全面反映项目在寿命期内的真实效益。在对项目评价时,这种方法对早期效益好的方案有利,而任何投资的目的不仅是回收投资,更主要的是有收益。静态投资回收期没有全面地反映项目的经济效益,难以对不同方案进行正确的评价和选择。

3.3.2 动态投资回收期

动态投资回收期(P_d)是指在考虑资金时间价值条件下,用项目收益回收项目投资所需要的时间,通常以年为单位。

1. 计算公式

动态投资回收期满足：

$$\sum_{t=0}^{P_d}(CI-CO)_t(P/F,i_c,t)=0 \tag{3-28}$$

式中：P_d——动态投资回收期，待求的量；

其他符号含义同前。

与静态投资回收期求法类似，在实际计算中，动态投资回收期是直接从财务现金流量表中计算净现金流量现值累计值求出。其计算式为

$$P_d = (T-1) + \frac{|\text{第 } T-1 \text{ 年的累计净现金流量现值}|}{\text{第 } T \text{ 年的净现金流量现值}} \tag{3-29}$$

式中：T——项目各年累计净现金流量现值首次出现正值或零的年份。

对如图 3-12 所示的现金流动，其动态投资回收期可直接套公式求出。

图 3-12 特殊的现金流量图

推导过程如下。

设动态回收期为 P_d，在 P_d 期内的收益折现后与投资 K 等值。则

$$K = R(P/A, i_c, P_d)$$

$$K = R\left[\frac{(1+i_c)^{P_d}-1}{i_c(1+i_c)^{P_d}}\right]$$

$$(1+i_c)^{P_d} - 1 = \frac{1}{1-\frac{K}{R}i_c}$$

$$P_d = \frac{-\lg\left(1-\frac{K}{R}i_c\right)}{-\lg(1+i_c)} \tag{3-30}$$

2. 决策准则

如静态投资回收期决策准则，当 $P_d \leqslant P_c$ 时，从回收资金快慢的角度，可以接受投资方案；反之，当 $P_d > P_c$ 时，不接受投资方案。

【例 3-14】 以例 3-8 数据为例。基准收益率为 10%，计算该项目的动态投资回收期。

【解】 将计算所需数据及中间结果列于表 3-11 中。

各年累计净现金流量现值首次出现正值的年份为 $T=7$ 年，该年对应的净现金流量现值为 6.1584 万元，上年（即第 6 年）对应的累计净现金流量现值绝对值为 1.82 万元。代入式(3-29)，动态投资回收期为

表 3-11　累计净现金流量现值表　　　　　　　　　　单位：万元

年份	0	1	2	3	4	5	6	7	8	9
净现金流量	−25	−20	12	12	12	12	12	12	12	12
$P/F,10\%,t$	1	0.9091	0.8264	0.7513	0.6830	0.6209	0.5645	0.5132	0.4665	0.4241
净现金流量现值	−25	−18318	9.9168	9.156	8.196	7.4508	6.774	6.1584	5.598	5.0892
累计净现金流量现值	−25	−43.18	−33.3	−24.2	−16.0	−8.59	−1.82	4.34	9.94	15.03

$$P_d = (7-1) + \frac{|-1.82|}{6.1584} = 6.30(年)$$

由于 $P_d=6.30<P_c=6$ 年，从回收投资快慢的角度来看，不接受该投资方案。

【例 3-15】 某工程的现金流量如图 3-13 所示，基准回收率 10%，计算动态投资回收期。

【解】 为了直接利用式(3-29)，将图 3-13 现金流量等值化为图 3-14 所示的现金流量图。

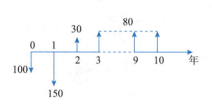

图 3-13　某工程现金流量图　　　图 3-14　某工程的等值现金流量图

考虑一次性投资前面有两年时间，套用式(3-30)时，增加两年时间，则

$$P_d = 2 + \frac{-\lg\left(1-\frac{K}{R}i_c\right)}{\lg(1-i_c)} = 2 + \frac{-\lg\left(1-\frac{256}{80}\right)\times 10\%}{\lg(1+10\%)} = 6.05(年)$$

3. 优点和缺点

由于动态投资回收期考虑了资金的时间价值，计算方法科学、合理，所反映的项目风险性和盈利能力也更加真实、可靠，是对工程投资方案进行技术经济评价的重要指标。

与静态投资回收期相比，当年净收益各不相同时，动态投资回收期计算方法和过程较为复杂。

案例分析　　工程经济分析指标训练

项目 4 建设项目工程经济分析

三峡工程建设投资估算如图 4-1 所示。

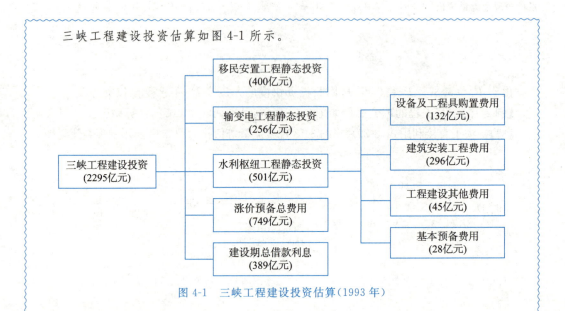

图 4-1 三峡工程建设投资估算(1993 年)

1992—2009 年,举世瞩目的三峡工程经过 17 年的施工终于完工。三峡工程实际建设投资为 1849 亿元,其中:移民安置费用 693 亿元,输变电工程费用 358 亿元,水利枢纽工程费用 798 亿元。

思考:
1. 建设项目投资的构成。
2. 三峡工程项目建设期投资估算应考虑哪些费用?
3. 三峡工程项目建成投产运营中涉及哪些经济要素?如何评价项目的经济效益?

4.1 建设项目决策期工程经济分析

4.1.1 建设项目投资费用组成

建设投资是工程经济分析中重要的经济概念。广义的投资是指一切为了获得收益或避免风险而进行的资金经营活动;狭义的投资是指投放的资金,是为了保证项目投产和生产经营活动的正常进行而投入的活劳动和物化劳动价值的总和,即为了未来获取报酬而预先垫付的资金。

投资估算是在对项目的建设规模、技术方案、设备方案、工程方案及项目实施进度等进行研究并基本确定的基础上,依据现有资料和特定方法,估算项目投入的总资金(包括建设投资和流动资金),并估算建设期内分年资金需要量。投资估算是制定融资方案、进行经济评价的依据。

1. 建设项目总投资的概念

建设项目总投资是指投资主体为获取预期收益,对工程项目从筹建期开始到项目全部建成投产为止所发生的全部投资费用。新建项目的总投资由筹建期和建设期投入的建设投资(主要形成固定资产投资)和项目建成投产后所需的流动资金(主要形成流动资产投资)两大部分组成。按投资性质可分为固定资产投资、流动资产投资、无形资产投资和其他资产投资。一般情况下项目的资金来源包括外部借款,按照我国现行的资金管理体制,应将建设期借款利息计入总投资中,此时建设投资包括建设期借款利息。

建设项目按用途可分为生产性建设项目和非生产性建设项目。

2. 建设项目总投资的构成

我国现行建设项目总投资的构成如图 4-2 所示。

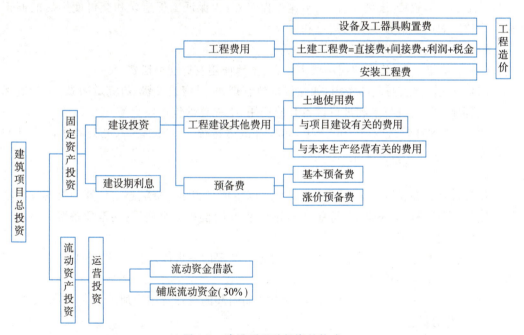

图 4-2 建设项目总投资的构成

固定资产投资是投资主体为达到预期收益的资金垫付行为。工程费用是指在建设投资中直接构成固定资产实体的各种费用;工程建设其他费用是指根据国家有关规定应在投资中支付,并列入建设项目总造价或单项工程造价的费用;预备费是为了保证工程项目的顺利实施,避免在难以预料的情况下造成投资不足而预先安排的一笔费用。

1) 设备及工器具购置费

设备及工器具购置费用是指为工程建设购置达到固定资产标准的各种国产或进口设备、工器具所花费费用,它是固定资产投资中的积极部分。在生产性工程建设中,设备及工器具购置费用占工程造价比重的增大意味着生产技术的进步和资本有机构成的提高。

2) 土建工程费

土建工程费包括直接费、间接费、利润和税金。直接费由直接工程费和措施费组成;间接费是指虽不直接由施工的工艺过程所引起,但却与工程的总体条件有关的、建筑安装企业为组织施工和进行经营管理以及间接为建筑安装生产服务的各项费用,它由规费和企业管理费组成;利润和税金是建筑安装企业职工为社会劳动所创造的那部分价值在建筑安装工程造价中的体现。

3) 安装工程费

安装工程费包括各种需要安装的机电设备、专用设备、仪器仪表等设备的安装费,各专业工程的管道、管线、电缆等的材料费用和安装费,以及设备和管道的保温、绝缘、防腐等的材料费和安装费等。

4) 工程建设其他费用

工程建设其他费用是指从工程筹建起到工程竣工验收交付使用为止的整个期间,除设备及工器具购置费、安装工程费、土建工程费外,为保证工程建设和交付使用后能够正常发挥效用而产生的各项费用的总和。

按其内容大致可以分为以下三类。

(1) 土地使用费,如土地使用权出让金、土地征用及拆迁补偿费等。

(2) 与项目建设有关的费用,如建设单位管理费、勘察设计费、研究试验费、工程监理费、工程保险费、引进技术和进口设备其他费用,工程总承包管理费等。

(3) 与未来生产经营有关的费用,如联合试运转费、生产准备费、办公和生活家具购置费等。

5) 预备费

预备费是指在投资估算时预留的费用。以备项目实际投资额超出估算的投资额。项目实施时,预备费可能不使用,可能被部分使用,也可能被完全使用,甚至预备费用不足。

预备费包括以下两个。

(1) 基本预备费:弥补由于自然灾害等意外情况的发生以及在设计、施工阶段由于工程量增加等因素所导致的投资费用增加。

(2) 价差预备费:弥补建设期间物价上涨而引起的投资费用增加。

6) 建设期利息

建设期间,由于投资借款而产生借款利息,该利息作为资本化利息计入固定资产的价值。建设期利息包括向国内银行和其他非银行金融机构贷款、出口信贷、外国政府贷款、国际商业银行贷款以及在境内外发行的债券等在建设期间应计的贷款利息。

7) 铺底流动资金

铺底流动资金是短期日常营运现金,用于人工、购货、水、电、电话、膳食等开支。根据国有商业银行的规定,新上项目或更新改造项目投资者必须拥有至少30%的自有流动资金,其余部分可申请贷款。

3. 建设项目投资形成的资产

工程在建成交付使用时,项目投入的全部资金分别形成固定资产、无形资产、递延资产和流动资产。

1) 固定资产

固定资产是指使用时间在一年以上。单位价值在规定标准以上;并且在使用过程中保持原有实物形态的资产。如房屋、设备、运输工具、构筑物等。

2) 无形资产

无形资产是指企业拥有或者控制的没有实物形态的可辨认非货币性资产,具有无实体性、专用性、收益不确定性和寿命不确定性等特点。可分为土地使用权、知识产权(包括专利权、商标权、版权、著作权)、专有技术(包括非专利技术、技术诀窍)和其他无形资产(包括商誉、特许权)四类。

知识经济的到来,使得无形资产在企业资产中所占比重越来越大,很多时候还是企业核心竞争力的重要因素,比厂房等固定资产还重要。可口可乐总裁曾经说过,"如果可口可乐在世界各地的厂房被一把火烧光,只要可口可乐的品牌还在,一夜之间它会让所有的厂房在废墟上拔地而起"。

3) 递延资产

递延资产是指不能全部计入当期损益,而应当在今后若干年内分摊的各项费用,包括开办费、租入固定资产改良支出及摊销期在一年以上的其他长期待摊费用。

(1) 开办费。开办费是工程在筹建期间实际产生的各项费用。包括筹建期间人员的工资、差旅费、办公费、职工培训费、印刷费、注册登记费、调研费、法律咨询费及其他开办费等。但是,在筹建期间为取得流动资产、无形资产或购进固定资产所发生的费用不能作为开办费,而应相应确认为各项资产。

(2) 租入固定资产改良支出。工程从其他单位或个人租入的固定资产,所有权属于出租人,但承租方依合同项目享有使用权。通常双方在协议中规定,租入企业应按照规定的用途使用,并承担对租入固定资产进行修理和改良的责任,即发生的修理和改良支出全部由承租方负担。对租入固定资产的大修理支出,不构成固定资产价值,其会计处理与自有固定资产的大修理支出无区别。对租入固定资产实施改良,因有助于提高固定资产的效用和功能,应当另外确认为一项资产,即作为递延资产处理。

(3) 长期待摊费用。长期待摊费用是指开办费和租入固定资产改良支出以外的其他递延资产。如一次性预付的经营租赁款,向金融机构一次性支付的债券发行费用,以及摊销期在一年以上的固定资产大修理支出等。

4) 流动资产

流动资产是生产经营性项目投产后用于购买原材料、燃料,交付工资及其他经营费用等所需的周转资金,它是伴随着固定资产投资而发生的长期占用的流动资产投资,通常是指可以在一年或超过一年的营业周期内变现或者运用的资产。

在工程总投资中,设备及工器具购置费、安装工程费用、建筑工程费用形成固定资产,工程建设其他费用根据内容不同可分别形成固定资产、无形资产、递延资产。如土地使用权计入工程的无形资产,生产职工培训费计入工程的递延资产,预备费用、建设期借款利息、固定资产投资方向调节税等计入固定资产价值。

【例 4-1】 某工程竣工交付使用后,经审计实际总投资为 51514 万元。其中:
① 建筑安装工程费 27000 万元;
② 家具用具购置费(均为使用期限 1 年以内,单位价值在 2000 元以下)5650 万元;
③ 土地使用权出让金 3200 万元;
④ 建设单位管理费 2710 万元;
⑤ 投资方向调节税 5784 万元;
⑥ 流动资金 7170 万元。交付营业后预计年营业总收入为 282000 万元,预计年总成本为 17433 万元,年销售税金及附加为 1813 万元。

请按资产性质分别核算确认固定资产、无形资产、递延资产各是多少。

【解】

$$固定资产 = 建筑安装工程费 + 固定资产投资方向调节税$$
$$= 27000 + 5784 = 32784(万元)$$

无形资产,此项目为土地使用权出让金 3200 万元。
递延资产,此项目为筹建期间建设单位管理费 2710 万元。

4.1.2 建设投资费用估算方法

建设投资费用估算方法主要有分项指标估算法和扩大指标估算法两种。

1. 分项指标估算法

该算法是根据有关的标准(单位费用标准或单位费率标准)和相关公式,逐项估算建设投资当中的各分项投资,最后汇总各分项投资而得出建设投资。

1)设备及工器具购置费用估算

(1)设备购置费用一般的估算公式为

$$设备购置费用 = 设备原价(国产或进口) + 设备运杂费(国产或进口) \quad (4-1)$$

进口设备原价构成及估算公式见表 4-1。

表 4-1 进口设备原价构成及估算公式

序号	构成	估算公式	备注
1	货价(离岸价)		即装运港船上交货价(FOB)
2	国际运费	原币货价×运费率 运量×单位运价	
3	运输保险费	$\dfrac{原币货价 + 国际运费}{1 - 保险费率} \times 保险费率$	

续表

序号	构成	估算公式	备注
4	银行财务费	离岸价格(FOB)×人民币外汇汇率×银行财务费率	银行财务费率一般取 0.4%~0.5%
5	外贸手续费	到岸价格(CIF)×人民币外汇汇率×外贸手续费率	到岸价格(CIF)包括FOB价、国际运费、运输保险费三项费用。外贸手续费率一般为 1%~2%
6	关税	到岸价格(CIF)×人民币外汇汇率×关税税率	进口关税税率分为优惠和普通两种
7	海关监管手续费	到岸价格(CIF)×人民币外汇汇率×海关监管手续费率	全额征收进口关税的设备,不收取海关监管手续费。费率一般为0.3%
8	消费税	$\frac{CIF+关税}{1-消费税税率}×消费税税率$	
9	进口环节增值税	(CIF+关税+消费税)×增值税税率	
10	车辆购置税	(CIF+关税+消费税+增值税)×车辆购置税率	
∑		抵岸价(进口设备原价)	

进口设备国内运杂费是指引进设备从合同确定的我国到岸港口或与我国接壤的陆地交货地点,到设备安装现场所发生的铁路、公路、水运及市内运输的运输费、保险费、装卸费、仓库保管费等,但不包括超限设备运输的特殊措施费。计算公式为

$$进口设备国内运杂费=进口设备抵岸价×国内运杂费率 \tag{4-2}$$

(2)工器具购置费用一般的估算公式为

$$工器具及生产家具购置费=设备购置费用×定额费率 \tag{4-3}$$

2)安装工程费用估算

安装工程费用一般根据行业或专门机构发布的安装工程定额、取费标准进行估算。具体计算可按安装费费率、每吨设备安装费指标或每单位安装实物工程量费用指标进行估算。估算公式为

$$安装工程费=设备原价×安装费费率 \tag{4-4}$$
$$安装工程费=设备吨位×每吨设备安装费指标 \tag{4-5}$$
$$安装工程费=安装实物工程量总量×每单位安装实物工程量费用指标 \tag{4-6}$$

3)土建工程费用估算

同安装工程费用估算相类似,土建工程费用估算需要依据行业或专门机构发布的土建工程定额、取费标准进行。

【例 4-2】 某工程的土建工程包括建筑工程 12000m^2,道路工程 1000m,土石方工程

15000m³。参照相关标准,建筑工程概算指标为 600 元/m²,道路工程概算指标为 1200 元/m,土石方工程概算指标为 20 元/m³。试估算土建工程费用。

【解】

$$M = 600 \times 12000 + 1200 \times 1000 + 20 \times 15000 = 870(万元)$$

4) 工程建设其他费用估算

工程建设其他费用包括很多分项费用,各分项费用应分别按有关计费标准和费率估算。以土地使用费为例,工程建设可能发生费用如下。

(1) 土地使用权出让金。国家以土地所有者身份,将一定年限内的土地使用权有偿出让给土地使用者。土地使用者支付土地出让金的估算可参照政府前期出让的类似地块的出让金数额,并根据时间、地段、用途、临街状况、建筑容积率、土地出让年限、周围环境状况及土地现状等因素修正得到,也可依据所在城市人民政府颁布的城市基准地价或平均标定地价,根据项目所在地段等级、用途、容积率、使用年限等因素修正得到。

(2) 土地征用费。土地征用费是指征用农村土地发生的费用,主要有土地补偿费、土地投资补偿费(青苗补偿费、树木补偿费、地面附着物补偿费)、人员安置补助费、新菜地开发基金、土地管理费、耕地占用税和拆迁费等。农村土地征用费的估算可参照国家和地方有关规定进行。

(3) 城市建设配套费。城市建设配套费是指因政府投资进行城市基础设施(如自来水厂、污水处理厂、煤气厂、供热厂和城市道路等)的建设而由受益者分摊的费用。

(4) 拆迁安置补偿费。实际包括两部分费用,即拆迁安置费和拆迁补偿费。拆迁安置费是指开发建设单位对被拆除房屋的使用人,依据有关规定给予安置所需的费用。被拆迁房屋的使用人因拆迁而迁出时,作为拆迁人的开发建设单位应付给搬迁补助费或临时安置补助费。拆迁补偿费是指开发建设单位对被拆除房屋的所有权人,按照有关规定给予补偿所需的费用。拆迁补偿的方式可以实行货币补偿,也可以实行房屋产权的调换。

【例 4-3】 某工程需要征用耕地 100 亩,该耕地被征用前三年平均每亩年产值分别为 2000 元、2100 元和 2200 元,土地补偿费标准为前三年平均年产值的 10 倍;被征用单位人均占有耕地 1 亩,每个需要安置的农业人口的安置补助费标准为该耕地被征用前三年平均年产值的 6 倍;地上附着物共有树木 2400 棵,补偿标准为 50 元/棵,青苗补偿标准为 200 元/亩,试计算土地征用费。

【解】

$$土地补偿费 = \frac{2000 + 2100 + 2200}{3} \times 100 \times 10 = 210(万元)$$

$$安置补偿费 = \frac{2000 + 2100 + 2200}{3} \times 100 \times 6 = 126(万元)$$

$$地上附着物补偿费 = 2400 \times 50 = 12(万元)$$

$$青苗补偿费 = 200 \times 100 = 2(万元)$$

$$土地征用费 = 210 + 126 + 12 + 2 = 350(万元)$$

5) 工程预备费用估算

(1) 基本预备费估算

$$\text{基本预备费} = (\text{工程费用} + \text{工程建设其他费用}) \times \text{基本预备费率} \tag{4-7}$$

【例 4-4】 1993 年,三峡水利枢纽工程建设投资估算时,基本预备费率取值为 6%,引述资料,试估算枢纽工程的基本预备费。

【解】

$$\text{基本预备费} = (132 + 296 + 45) \times 6\% = 28.38 (\text{亿元})$$

(2) 价差预备费估算。一般根据国家规定的投资综合价格指数按复利法计算。估算公式为

$$\text{PF} = \sum_{t=0}^{n} I_t [(1+f)^t - 1] \tag{4-8}$$

式中:PF——价差预备费;

I_t——建设期第 t 年的计划投资额,包括工程费用、工程建设其他费用、基本预备费;

n——建设期年份数;

f——年平均物价预计上涨率。

【例 4-5】 某工程建设期 3 年,各年投资计划额为:第 1 年 7200 万元,第 2 年 10800 万元,第 3 年 3600 万元,年平均物价上涨率为 6%,计算项目建设期价差预备费。

【解】 第 1 年价差预备费为

$$\text{PF}_1 = I_1 [(1+f) - 1] = 7200 \times 0.06 = 432 (\text{万元})$$

第 2 年价差涨价预备费为

$$\text{PF}_2 = I_2 [(1+f)^2 - 1] = 10800 \times (1.06^2 - 1) = 1334.9 (\text{万元})$$

第 3 年价差涨价预备费为

$$\text{PF}_3 = I_3 [(1+f)^3 - 1] = 3600 \times (1.06^3 - 1) = 687.7 (\text{万元})$$

建设期的价差预备费为

$$\text{PF} = \text{PF}_1 + \text{PF}_2 + \text{PF}_3 = 2454.6 (\text{万元})$$

6) 建设期借款利息

在实际估算时,当总贷款分年发放,建设期利息可按当年借款在年中支用考虑,即当年借款按半年计息,在以后年份全年均计息。在项目建设期,由于项目正在建设,不可能有效益偿还借款利息,所以每一计息期的利息加入本金,下一计息周期一并计息。建设期每年利息的计算公式为

$$I_t = \left(P_{t-1} + \frac{1}{2} A_t \right) \cdot i \tag{4-9}$$

式中：I_t——建设期第 t 年应计利息；
P_{t-1}——建设期第 $t-1$ 年年末借款余额，其大小为第 $t-1$ 年年末的借款本金累计加此时借款利息累计；
A_t——建设期第 t 年借贷款；
i——借款利率。

【例 4-6】 某新建项目，建设期为 3 年，需向银行借款 1300 万元，借款计划为：第 1 年 300 万元，第 2 年 600 万元，第 3 年 400 万元。借款年利率为 12％，计算建设期借款利息。

【解】 在建设期，各年利息计算如下：

$$I_1 = \frac{1}{2} A_1 \times i = \frac{1}{2} \times 300 \times 12\% = 18 (万元)$$

$$I_2 = \left(P_1 + \frac{1}{2} A_2\right) \times i = \left(318 + \frac{1}{2} \times 600\right) \times 12\% = 74.16 (万元)$$

$$I_3 = \left(P_2 + \frac{1}{2} A_3\right) \times i = \left(318 + 600 + 74.16 + \frac{1}{2} \times 400\right) \times 12\% = 143.06 (万元)$$

$$I = I_1 + I_2 + I_3 = 18 + 74.16 + 143.06 = 235.22 (万元)$$

建设期借贷利息总计 235.22 万元。

7) 固定资产投资方向调节税的估算

$$固定资产投资方向调节税 = (工程费用 + 工程建设其他费用 + 预备费用) \times 适用的税率 \tag{4-10}$$

2. 扩大指标估算法

扩大指标估算法是参照已有的同类项目的一些投资经验参数来简便而粗略地估算拟建项目固定资产投资额的一种方法。扩大指标估算法主要有以下两种具体方法。

1) 生产能力指数法

该法是用已建成的、性质类似的工程或生产装置的投资额和生产能力及拟建项目或生产装置的生产能力来估算拟建项目的投资额。计算公式为

$$C_2 = C_1 \left(\frac{A_2}{A_1}\right)^n \cdot f \tag{4-11}$$

式中：C_1——已建类似项目的实际投资额；
C_2——拟建项目的估算投资额；
A_1——已建类似项目生产能力或主导参数；
A_2——拟建项目的生产能力或主导参数；
f——为不同时期，不同地点的定额、单价、费用变更等形成的综合调整系数；
n——生产能力指数，$0 \leqslant n \leqslant 1$。

统计表明，若 $A_2/A_1 \leqslant 50$，且拟建项目的扩大仅靠增大设备规模来达到时，则指数 n 取值为 0.6～0.7；若是靠增加相同规格设备的数量来达到时，则指数 n 取 0.8～0.9。一般工业项目的生产能力指数平均为 0.6，所以这种方法又称 0.6 指数法。

指数 n 的确定也可通过调查收集诸多类似项目的 C 和 A 值,采用算术平均法计算 n 值。

【例 4-7】 某拟建项目的生产规模为 50 万 m^3/d,通过调查,收集了类似项目的投资额 C 和生产能力 A,见表 4-2,综合调整系数为 1.0,试估算该拟建项目的投资额。

表 4-2 求解指数计算表

序号	规模 A/(万 m^3/d)	投资 C/万元	$\dfrac{C_m+1}{C_m}$	$\dfrac{A_m+1}{A_m}$	n_m
1	3	6000	1.90	2.00	0.926
2	6	11400	1.62	1.67	0.941
3	10	18500	2.30	2.5	0.909
4	25	42500	1.51	1.60	0.877
5	40	64000	1.63	1.63	1.000
6	65	104000	1.24	1.32	0.775
7	86	129000	1.01	1.05	0.204
8	90	130500	—	—	—

【解】
① 根据收集的资料,计算已获得资料各自的生产能力指数 n_m,见表 4-2。
② 采用算数平均法计算该项目的指数 n:

$$n = \frac{1}{m}\sum_{m=1}^{7} n_m = \frac{1}{7} \times (0.926 + 0.941 + 0.909 + 0.877 + 1.000 + 0.775 + 0.204) = 0.805$$

③ 采用 $C_1 = 64000$ 万元,$A_1 = 40$ 万 m^3/d,得

$$C_2' = C_1 \left(\frac{A_2}{A_1}\right)^n \cdot f = 64000 \times \left(\frac{50}{40}\right)^{0.805} \times 1.0 = 76594(万元)$$

④ 采用 $C_1 = 104000$ 万元,$A_1 = 65$ 万 m^3/d,得

$$C_2'' = C_1 \left(\frac{A_2}{A_1}\right)^n \cdot f = 104000 \times \left(\frac{50}{65}\right)^{0.805} \times 1.0 = 84199(万元)$$

⑤ 拟建项目的投资额:

$$C_2 = (C_2' + C_2'')/2 = (76594 + 84199)/2 = 80396(万元)$$

2) 按设备费用推算法

该估算方法适用于工艺流程确定后,能够明确项目所需设备的数量和型号,且能够准确计算出项目设备费的情形。以设备费为基数,根据已建成的同类项目或装置的建筑安装工程费和其他工程费用占设备的价值百分比,估算出相应的建筑安装工程费和其他工程费用,再加上拟建项目的工程建设其他费用,总和即为项目或装置的投资额,公式为

$$C = E(1 + f_1 p_1 + f_2 p_2 + f_3 p_3) + I \tag{4-12}$$

式中：C——拟建工程的投资额；

E——拟建工程设备购置费的总额；

p_1, p_2, p_3——分别为建筑工程、安装工程、建设工程其他费用占设备费用的百分比；

f_1, f_2, f_3——考虑时间因素引起的投资变化的综合调整系数；

I——拟建项目的其他杂费。

【例 4-8】 某设备全部进口，到岸价为 3500 万美元，结算汇率是 1 美元＝8.70 元人民币，银行财务费是 15 万美元，外贸手续费率为 1.5%，平均关税税率为 20%，进口环节增值税率为 17%，国内运杂费率为 1%。根据以往资料，与设备配套建筑工程、安装工程和其他费用占设备费用的百分比分别是 43%、15% 和 10%。假定各种工程费用的上涨与设备费用上涨是同步，即 $f_1=f_2=f_3=1$，其他杂费为 200 万元。试估算全部工程费用。

【解】

外贸手续费 $= 3500 \times 8.7 \times 1.5\% = 456.75$（万元）

关税 $= 3500 \times 8.7 \times 20\% = 6090$（万元）

进口环节增值税 $= (3500 \times 8.7 + 6090) \times 17\% = 6211.8$（万元）

设备抵岸价 $= 3500 \times 8.7 + 15 \times 8.7 + 456.75 + 6090 + 6211.8 = 43339.05$（万元）

设备国内运杂费 $= 43339.05 \times 1.0\% = 433.39$（万元）

设备购置费 $= 43339.05 + 433.39 = 43772.44$（万元）

代入式(4-12)，则全部工程的投资估算值为

$$C = 43772.44 \times (1 + 0.43 + 0.15 + 0.10) + 200 = 73737.70（万元）$$

【例 4-9】 拟建某工业工程，各项数据如下。

(1) 主要生产项目 7400 万元（其中：建筑工程费 2800 万元，设备购置费 3900 万元，安装工程费 700 万元）。

(2) 辅助生产项目 4900 万元（其中：建筑工程费 1900 万元，设备购置费 2600 万元，安装工程费 400 万元）。

(3) 公用工程 2200 万元（其中：建筑工程费 1320 万元，设备购置费 660 万元，安装工程费 220 万元）。

(4) 环境保护工程 660 万元（其中：建筑工程费 330 万元，设备购置费 220 万元，安装工程费 110 万元）。

(5) 总图运输工程 330 万元（其中：建筑工程费 220 万元，设备购置费 110 万元）。

(6) 服务性工程建筑工程费 160 万元。

(7) 生活福利工程建筑工程费 220 万元。

(8) 厂外工程建筑工程费 110 万元。

(9) 工程建设其他费用 400 万元。

(10) 基本预备费费率 10%。

(11) 建设期各年涨价预备费费率 6%。

(12) 建设期为 2 年，每年建设投资相等，建设资金来源为：第 1 年借款 5000 万元，第 2 年借款 4800 万元，其余为自有资金，借款年利率为 6%（每半年计息一次）。

(13) 固定资产投资方向调节税税率为 5%。

【问题】

(1) 试将以上数据形成工程固定资产投资估算表。

(2) 列式计算基本预备费、价差预备费、固定资产投资方向调节税和建设期借款利息，并将费用名称和相应计算结果填入工程固定资产投资估算表。(注：估算结果为百分数，取 2 位小数，其余均取整数。)

【解】

(1) 工程固定资产投资估算表见表 4-3。

表 4-3 工程固定资产投资估算表

序号	工程费用名称	估算价值/万元					占固定资产投资比例/%
		建筑工程	设备购置	安装工程	其他费用	合计	
1	工程费用名称	7060	7490	1430		15980	81.23
1.1	主要生产项目	2800	3900	700		7400	
1.2	辅助生产项目	1900	2600	400		4900	
1.3	公用工程	1320	660	220		2200	
1.4	环境保护工程	330	220	110		660	
1.5	总图运输工程	220	110				
1.6	服务性工程	160					
1.7	生活福利工程	220					
1.8	厂外工程	110					
2	工程建设其他费用				400	400	2.03
	1~2 费用小计	7060	7490	1430	400	16380	
3	预备费				3292	3292	16.74
3.1	基本预备费				1638	1638	
3.2	涨价预备费				1654	1654	
4	投资方向调节税				984	984	
5	建设期借款利息				612	612	
	合计	7060	7490	1430	5288	21268	

(2)

$$\text{基本预备费} = 16380 \times 10\% = 1638 (\text{万元})$$

$$\text{价差预备费} = \frac{16380 + 1638}{2} \times [(1+6\%)^1 - 1] + \frac{16380 + 1638}{2} \times [(1+6\%)^2 - 1] = 1654 (\text{万元})$$

固定资产投资方向调节税 $=19672\times 5\% =984$(万元)

年有效借贷利率 $=(1+0.06/2)^2-1=6.09\%$

借款利息计算：

第 1 年借款利息 $=0.5\times 5000\times 6.09\% =152$(万元)

第 2 年借款利息 $=\left(5000+152+\dfrac{1}{2}\times 4800\right)\times 6.09\% =460$(万元)

建设期借款利息 $=152+460=612$(万元)

4.1.3 运营投资费用估算方法

1. 流动资金构成

建设投资仅仅形成了生产的"硬件"，如厂房建造、设备购置与安装等，但还不能生产产品，生产产品的前提是在工程上投入一定的流动资金。

企业在一定的流动资金的支持下，通过采购、生产和销售等一系列生产经营活动，就可以生产出产品和服务，带来价值的增值，产生利润。

1) 企业生产活动的简单循环过程

在一个简单的生产周期过程中，劳动对象（如各种原材料、燃料等）依次变成在产品、产成品，产成品销售出去转为货币资金，部分货币用于购置劳动对象，进入下一个生产周期。这种不间断地循环周转过程，就是企业再生产的过程，如图 4-3 所示。

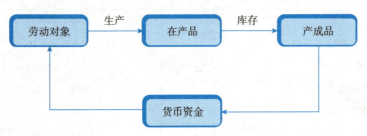

图 4-3 企业生产活动的简单循环过程

现代企业生产过程的连续性决定了企业在上述生产过程的每一环节必须同时投入一定量的相互匹配的资金，例如，企业的原材料仓库中储备一定数量的外购原材料、燃料等生产物资的同时，各个车间工人利用机械还在加工一定数量的原材料，形成在产品，库房还存有一定数量且没有销售出去的产成品，企业备有一定数量的现金存款。

2) 不利情况下企业生产循环过程

出于竞争或提高市场份额等原因，企业有时要垫资赊销，形成应收账款。遇到原材料供不应求的时候，企业有时要预付账款。此时，企业必须投入更多的资金以维持生产的正常运转，增加了企业流动资金需要量负担，如图 4-4 所示。

在生产循环过程中处于生产和流通领域供周转使用的上述全部资产，称为流动资产。所谓流动资产，是指企业在生产经营过程中短期置存的资产。流动资产是指可在一年内

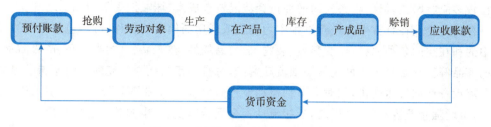

图 4-4 不利情况下企业生产循环过程

或超过一年的一个营业周期内变现或者耗用的资产,是企业资产中必不可少的组成部分,包括现金、各种存款、应收账款、预付货款及存货(如原材料、在产品、产成品)等。

3) 有利情况下企业生产循环过程

有利情况下,企业可以赊购原材料(原材料供过于求)和预收产品的销售贷款(产品供不应求),形成应付账款和预收账款,二者合称为流动负债。流动负债可以减少流动资产对流动资金的需求量,如图 4-5 所示。

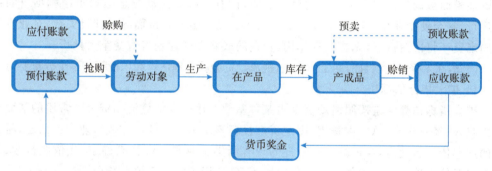

图 4-5 有利情况下企业生产循环过程

4) 流动资金构成

综上,企业生产所需要的流动资金为流动资产与流动负债的差额,即

$$\text{流动资金} = \text{流动资产} - \text{流动负债} \tag{4-13}$$

式中:

$$\text{流动资产} = \text{应收账款} + \text{预付账款} + \text{存货} + \text{货币资金} \tag{4-14}$$

$$\text{流动负债} = \text{应付账款} + \text{预收账款} \tag{4-15}$$

$$\text{流动资金本年增加额} = \text{本年流动资金} - \text{上年流动资金} \tag{4-16}$$

(1) 流动资产。一般而言,除非破产清算,否则流动资产永远不可能脱离企业的生产经营过程。按实物形态分,流动资产分为货币资金、应收及预付账款、存货等。

货币资金是指现金及各种存款,用于企业的日常支付,如购买原材料、支付工资、缴纳税金、支付各项费用开支等。

应收账款是企业在销售商品时已取得收款的权利应向对方收取但尚未收到的款项。由于应收账款在生产经营中具有增加销量、减少存货的功能,在激烈的市场竞争下,企业存在较多应收账款,但应收账款的增加也会造成资金成本、坏账损失等费用的增加。

存货是企业在日常生产经营过程中为销售或耗用而储存的各种资产,包括库存的、加工中的和在途的各种原材料、燃料、包装物、低值易耗品、在产品、自制半成品、产成品及发出的商品等。存货是企业最大的一项流动资产,总是处于消耗与补充的不断流转过程中。

流动资产周转速度快,相对会节约流动资产需要量,其效果等同于扩大了流动资产的投入,可增强企业盈利能力;反之,延缓流动资金周转速度,产生的效果正好相反。

流动资产按变现速度快慢依次是货币资金、应收账款和存货。

(2) 流动负债。负债是指由于过去的交易事项形成现有义务,履行该义务会导致经济利益流出企业。流动负债是指在一年或超过一年的一个营业周期内偿还的债务,主要包括应付账款及预收账款等。在流动资金估算中,流动负债可以看作一种自动提供的资金来源。

2. 流动资金估算方法

任何一项工程要想在建设完工后顺利投入生产,都必须具有足够项目正常运行的流动资金。然而,正因为流动资金是在生产期投入,在建设期就往往被忽视或者为了控制总投资规模而被调整。现实中大量的例子表明,没有足够的流动资金会严重影响项目的正常运行,甚至使企业生产陷入瘫痪。如果因为流动资金不到位而导致项目失败,企业投资的固定资产将白白搁置,无法发挥作用,企业的战略发展计划将遭受重大挫折。

因此,在工程投资项目前期工作中,重视流动资金的合理估算和积极筹措是十分重要的。

1) 扩大指标估算法

扩大指标估算法是按照流动资金占某种基数的比率来估算流动资金。常用的基数有销售收入、经营成本、总成本费用、固定资产投资等。采用何种基数依行业习惯而定,所采用的比率依经验而定,或根据实际掌握的现有同类企业实际资料来确定,或依照行业、部门的参考值来确定。这种估算方法的精度不高,适用于项目建议书阶段的流动资金估算。

$$流动资金 = 计算基数 \times 流动资金所占的比例 \tag{4-17}$$

根据可研究报告样本总结的流动资金占销售收入(含税)的比例见表4-4。

表 4-4 前期估算流动资金占销售收入(含税)的比例

行　　业	流动资金占销售收入(含税)的平均值范围/%
炼油行业	18~20
石化行业	11~13
化肥行业	13~15
无机化工行业	10~12
有机化工行业	9~11
橡胶轮胎行业	10~13
农业行业	10~13

石油和化工行业项目占用流动资金主要受行业特点的影响。如炼油行业中存货是流动资金的主要构成部分,原油、原料油及油品占用的流动资金不容忽视,从而使项目占用

的流动资金相对较高。农药行业中化肥行业受季节性生产影响较大,应收账款、存货需占用一定的流动资金。总体来说,存货和应收账款是占用流动资金的主要项目。

2) 分项详细估算法

分项详细估算法思路是:先按照项目各年度生产强度,估算出各大类的流动资产的最低需要量,汇总以后减去该年估算出的正常情况下的流动负债,这就是该年需要的流动资金,再减去上年已注入的流动资金,就得到该年流动资金的增加额。当项目达到正常的生产能力后,流动资金就不再投入。具体步骤如下:

(1) 年周转次数计算:

$$年周转次数 = \frac{360}{最低周转天数} \tag{4-18}$$

各类流动资产和流动负债的最低周转天数参照同类企业的平均周转天数并结合项目特点确定,或按部门(行业)规定。在确定最低周转天数时应考虑储存天数、在途天数,并考虑适当的保险系数。

(2) 流动资产估算。为简化计算,估算时仅对存货、应收账款、预付账款、现金四项内容进行估算。估算公式参见表 4-5。

表 4-5　流动资产估算公式一览

分　项		估　算　公　式
一、存货的估算	1. 外购原材料	$\sum \dfrac{年外购原材料费用}{年周转次数}$
	2. 外购燃料	$\sum \dfrac{年外购燃料费用}{年周转次数}$
	3. 其他材料	$\sum \dfrac{年外购其他材料费用}{年周转次数}$
	4. 在产品	$\dfrac{年外购原材料、燃料、动力费用+年工资及福利费+年修理费+年其他制造费用}{在产品周转次数}$
	5. 产成品	$\dfrac{年经营成本}{产成品年周转次数}$
二、应收账款的估算		$\dfrac{年经营成本}{应收账款年周转次数}$
三、预付账款的估算		$\sum \dfrac{外购商品或服务年费总额}{预付账款年周转次数}$
四、现金的估算		$\dfrac{年工资及福利费+年其他费用}{年周转次数}$
备注		年其他费用=制造费用+管理费用+销售费用-(以上三项费用中所含的工资及福利费、折旧费、摊销费、修理费)

(3) 流动负债估算。在工程经济分析中,流动负债的估算可以只考虑应付账款和预收账款两项,计算公式为

$$应付账款 = \frac{外购原材料、燃料、动力及其他材料年费用}{应付账款周转次数} \quad (4-19)$$

$$预收账款 = \frac{预收的营业收入年金额}{预收账款周转次数} \quad (4-20)$$

3. 流动资金估算需要注意的问题

(1) 用分项估算法计算流动资金,需以经营成本及其中的某些科目为基数,因此流动资金估算应在经营成本估算之后进行。

(2) 不同生产负荷下的流动资金是按照相应负荷时的各项费用金额和给定的公式计算来的,而不能按满负荷下的流动资金乘以负荷百分数求得。

【例4-10】 一煤矸石制砖节能新型材料生产项目经过初步可行性研究,关于资金规划部分的主要数据如下。

① 投资规划。项目建设期5年,计划进度:第1年完成项目全部投资的25%,第2年完成项目全部投资的15%,第3~5年,每年完成项目投资的20%。第6年投产,当年产能达到60%,第7年产能达到80%,第8年产能达到100%。项目的运营期总计为20年。

② 建设投资估算(略)。

③ 建设资金来源(略)。

④ 生产经营经费估计。

工程达到产能后,全厂定员1500人,工资与福利费按照8000元/(人·年)。每年的其他费用为1200万元。生产存货估算为9000万元,年外购原材料、燃料及动力费用为21000万元,年经营成本为25000万元。各项流动资金的最低周转天数分别为:应收账款30天,现金40天,应付账款50天。

【问题】 采用分项估算法估算正常年份的流动资金需要额。

【解】

应收账款 = 年经营成本 / 年周转次数 = 25000/(360/30) = 2083.33(万元)

存货占用 = 9000(万元)

现金 = (年工资及福利费 + 年其他费用)/ 周转次数

= (0.8×1500 + 1200)/(360/40) = 266.67(万元)

流动资产 = 应收账款 + 存货 + 现金

= 2093.33 + 9000 + 266.67

= 11350(万元)

应付账款 = 年外购原材料、燃料及动力费 / 周转次数

= 21000/(360/50)

= 2916.67(万元)

流动负债 = 应付账款 = 2916.67(万元)

流动资金 = 流动资产 − 流动负债

= 11350 − 2916.67 = 8433.33(万元)

4.1.4 项目融资方式

1. 项目资金构成

资金是项目实施的必要条件,是项目运行的血液,没有足够的资金,项目建设和运行就没有保障。因此,通过何种渠道,采用何种方式,以较低的成本筹集到项目所需的资金,是保证项目顺利实施及充分发挥作用的重要环节。通过一定的渠道为项目筹集所需资金的各种活动的总称即为项目融资。

建设项目资金来源可以分为自有资金、借入资金和赠款三部分。

自有资金形成项目资本金,是指投资者交付的出资额,包括资本金和资本溢价。

资本金是指企业在工商行政管理部门登记的注册资金,是项目总投资中由权益者提供的非债务资金。其出资方式既可以是货币出资,也可以用实物、工业产权、非专利技术、土地使用权、资源开采权等作价出资。我国对经营性项目实行资本金制度,规定了经营性项目的建设要有一定数额的资本金,以及各待建项目资本金的最低比例要求。

资本溢价是资金筹集过程中投资者缴付的出资额超出资本金的差额,如实收资本120万元,注册资本100万元,多交的20万元即为资本溢价。

根据我国法律、法规规定,建设项目可以通过争取国家财政预算内投资,发行股票,自筹投资和利用外资直接投资等多种形式来筹集资本金。

借入资金形成项目的负债,是指通过国内外银行借贷、发行债券、国际金融组织借款、外国政府借款、出口信贷、补偿贸易等方式筹集的资金。通过举债方式获得资金来满足生产经营需要是现代企业一种有效的经营方式。负债经营对现代企业经营来说是一把"双刃剑",可以提高企业的市场竞争能力,扩大生产规模,使企业获得财务杠杆利益;同时,也会增加企业的财务风险。

项目债务资金是指项目总投资中除资本金外所筹集的各种债务性质的资金。债务资金的筹集方式可以是:①银行贷款;②发行债券;③设备租赁;④融资租赁;⑤借用国外资金。

【例4-11】 某项目建设投资2400万元,建设期借款利息100万元,流动资金500万元(其中铺底流动资金150万元),资本金占报批总投资的比例为20%。项目的总投资是多少?项目资本金是多少?

【解】

$$项目总投资 = 2400 + 100 + 500 = 3000(万元)$$
$$项目资本金 = (2400 + 100 + 500 \times 30\%) \times 20\% = 530(万元)$$

2. 融资方式

1) 项目融资方式

项目融资方式是指项目法人取得资金的具体形式。项目融资通常采用的融资方式包括远期购买、融资租赁、产品支付、BOT四种,本书以BOT项目融资方式阐述。

BOT方式是代表国际项目融资发展趋势的一种新型融资方式,是国际经济合作发展到一定阶段的产物。著名的英吉利海峡隧道、悉尼的港口隧道、曼谷的高架铁路等都是 BOT 的产物。1984 年,当时的土耳其总理厄扎尔首先提出了 BOT 这一术语,计划利用 BOT 方式建造一座电厂。这一做法立即引起了世界尤其是发展中国家的注意和国际金融界的广泛重视。后来的英法海峡隧道项目的建设则进一步促进了 BOT 模式在世界范围内的广泛应用。

(1) BOT 方式的定义及优点。BOT(build-operate-transfer)方式,即建设—运营—移交方式,是国际项目融资发展趋势的一种新型结构。在 BOT 方式中,通常由项目东道国政府或其所属机构与项目公司签署协议,把项目建设及经营的特许权授予项目公司,项目公司在项目经营特许期内利用项目收益偿还投资及营运支出,并获得利润。特许期满后,项目移交给东道国政府或其下属机构。BOT 方式的优点:一是扩大资金来源;二是能够提高项目的管理效率;三是通过该方式,发展中国家可吸引外国的投资,引进国外的先进技术。

(2) BOT 方式的融资步骤。BOT 方式尤其适用于为社会提供产品和劳务的公共工程,如交通和能源项目等。其融资步骤可简单地分为四步:①项目主办方注册一家专设公司,负责与政府机构签订特许协议;②专设公司与承包商签订建设施工合同,接受保证金,同时接受分包商或供应商保证金的转让,与经营者签订经营协议书;③专设公司同商业银行签订贷款协议,与出口信用贷款人签订买方信贷协议,商业银行提供出口信用贷款担保,并接受项目担保;④专设公司向担保信托方转让收入。

应当注意,东道国政府是 BOT 方式最重要的参与者和支持者,BOT 项目必须得到其批准。并与项目公司签订详尽的特许权协议。如果没有东道国政府的有力支持,外国公司不可能冒着风险参加东道国的基础设施的建设项目,当然以 BOT 方式也就不能成功地筹措到资金。

(3) BOT 模式的形式。BOT 模式通常有以下三种具体形式。

① BOT(build-operate-transfer),即建设—运营—移交。
② BOOT(build-own-operate-transfer),即建设—拥有—运营—移交。
③ BOO(build-own-operate),即建设—拥有—运营。

一般情况下,以上三种形式统称为 BOT 方式,是最基本的 BOT 形式。在实践中还衍生出了其他一些形式,例如:

① BOOST(build-own-operate-subsidy-transfer),即建设—拥有—运营—补贴—移交。
② BLT(build-lease-transfer),即建设—租赁—移交。
③ BT(build-transfer),即建设—移交。
④ IOT(investment-operate-transfer),即投资—运营—移交。

2) 项目资本金融资方式

根据国家法律、法规规定,工程可通过争取国家财政预算内投资、自筹投资、发行股票和利用外资直接投资等多种方式来筹集资本金。

(1) 国家预算内投资。国家预算内投资简称国家投资,是指以国家预算资金为来源并列入国家计划的固定资产投资。国家预算内投资目前包括国家预算、地方财政、主管部门和国家专业投资拨给或委托银行给建设单位的基本建设拨款,中央基本建设基金拨给企业单位更新改造的拨款,以及中央财政安排的专项拨款中用于基本建设的资金。

国家预算内投资目前虽然占全社会固定资产总投资的比重比较低,但它是能源、交通、原材料以及国防科研、文教卫生、行政事业工程投资的主要来源,对于整个投资结构的调节起着主导性的作用。

(2)自筹投资。自筹投资是指建设单位报告期内收到的用于进行固定资产投资的上级主管部门,地方和单位、城乡个人的自筹资金。目前,自筹投资占全社会固定资产投资总额的一半,已经成为筹集工程资金的主要渠道。工程自筹资金来源必须正当,应该上缴财政的各项资金和国家有指定用途的拨款,以及银行贷款、信托投资、流动资金则不可用于自筹投资。自筹投资必须纳入国家计划,并控制在国家确定的投资总规模以内。自筹投资要符合一定时期国家确定的投资使用方向,投资结构趋向应该合理,以提高自筹投资的经济效益。

(3)发行股票。股票融资是指资金不通过金融中介机构,借助股票这一载体直接从资金盈余部门流向资金短缺部门,资金供给者作为所有者(股东)享有对企业控制权的融资方式。这种控制权是一种综合权利,如参加股东大会,投票表决,参与公司重大决策,收取股息,分享红利等。它具有以下几个特点。

① 长期性。股权融资筹措的资金具有永久性,无到期日,无须归还。

② 不可逆性。企业采用股权融资无须还本,投资人欲收回本金,需借助于流通市场。

③ 无负担性。股权融资没有固定的股利负担,股利的支付与否和支付多少视公司的经营需要而定。

(4)吸收国外资本直接投资。吸收国外资本直接投资主要包括与外商合资经营、合作经营、合作开发以及外商独资经营等形式,国外资本直接投资方式的特点是:不发生债权债务关系,但要让出一部分管理权,并且要支付一部分利润。

3)项目负债融资方式

(1)银行贷款。银行贷款是银行利用信贷资金所发放的投资性贷款。自20世纪80年代以来。随着投资管理体制、财政体制和金融体制改革的推进,银行信贷资金有了较快发展,成为工程投资资金的重要组成部分。银行贷款分为商业性银行贷款和政策性银行贷款。

目前,全国性商业银行主要有中国工商银行、中国农业银行、中国银行、中国建设银行、交通银行、中信银行、中国光大银行、中国民生银行、兴业银行等。

国家政策性银行贷款一般期限较长、利率较低,并配合国家产业政策的实施,采取各种优惠政策。国内政策性银行贷款包括国家开发银行贷款、中国进出口银行贷款和中国农业发展银行贷款。

(2)发行债券。债券是借款单位为筹资而发行的一种信用凭证,它证明持券人有权按期取得固定利息并到期收回本金。根据发行范围,债券分为国内债券、国际债券。根据能否转换为股票分为纯债券和可转换债券。

可转换债券是指在规定期限内的任何时候。债券持有人可以按照发行合同指定的条件把所持债券转换成发行企业股票的一种债券。在转换成股票之前,持有人可得到合同中规定的利息,也可以将可转换债券在市场上出售。可转换债券具备一般债券的特点。如估价上涨,持有者可将之换成股票,从股市上涨中获利。在股价下跌时持有者可保留债券获取利息,避免股市不景气造成的损失。因此,同股票和普通债券相比,可转换债券为投资者提供了更大的选择余地。

(3) 设备租赁。设备租赁是指出租人和承租人之间订立契约,由出租人应承租人的要求购买其所需的设备,在一定时期内供其使用,并按期收取租金。租赁期间设备的产权属出租人,承租方只有使用权,且不得中途解约。期满后,承租人可以从以下的处理方法中选择:将所租设备退还出租人;延长租期;作价购进所租设备;要求出租人更新设备;另定租约。

① 融资租赁。融资租赁是设备租赁的重要形式,它将贷款、贸易和出租三者有机地结合在一起。其出租过程是:先由承租人选定制造厂家,并就设备的型号、规格、价格、交货期等与制造厂家商定。再与租赁公司就租金、租期、租金支付方式等达成协议,签订租赁合同。然后由租赁公司通过向银行借款等方式筹措资金,按照承租人与厂家商定的条件将设备买下,最后根据合同出租给承租人。融资租赁是一种融资与融物相结合的筹资方式。它不需要像其他筹资方式一样,等筹集到足够的货币资金后再去购买长期资产。同时,融资租赁还有利于及时引进设备,加速技术改造。但融资租赁的成本相对较高,一般情况下,融资租赁的资金成本率比其他筹资方式(如债券和银行贷款)的资金成本率高。

② 经营租赁。经营租赁是融资租赁的对称,是为了满足经营使用上的临时或季节性需求而发生的资产租赁。经营租赁是一种短期租赁形式,它是指出租人不仅要向承租人提供设备的使用权,还要向承租人提供设备的保养、保险、维修和其他专门性技术服务的一种租赁形式。

(4) 借用国外资金。借用国外资金大致可分为以下几种途径:外国政府贷款;国际金融组织贷款;国外商业银行贷款;在国外金融市场上发行债券;吸收外国银行、企业和私人存款;利用出口信贷。

① 外国政府贷款。外国政府贷款是指一国政府向另一国政府提供的,具有一定赠与性质的优惠贷款。它具有政府间开发援助或部分赠与的性质,在国际统计上又叫双边贷款,与多边贷款共同组成官方信贷。其资金来源一般分两部分:软贷款和出口信贷。软贷款部分多为政府财政预算内资金,出口信贷部分为信贷金融资金。双边政府贷款是政府之间的信贷关系,由两国政府机构或政府代理机构出面谈判,签署贷款协议,确定具有契约性偿还义务的外币债务。根据经济合作与发展组织(OECD)的有关规定,政府贷款主要用于城市基础设施、环境保护等非营利项目,若用于工业等盈利性项目,则贷款总额不得超过 200 万元特别提款权。贷款额在 200 万元特别提款权以上或赠与成分在 80% 以下的项目,需由贷款国提交 OECID 审核。

借用外国政府贷款一般使用贷款国货币,使用外币贷款均存在汇率风险。以日元贷款为例,在 20 世纪 80 年代初我国开始借用外国政府贷款时,仅注意到日元贷款的条件优惠,赠与成分较高,对汇率风险估计不足。在随后的 10 多年,日元不断升值,1980 年日元与美元的平均汇率为 227∶1,而到 1990 年,这一汇率变为 145∶1,日元升值 56%。据统计,1990—1992 年 3 年间,我国共偿还日本政府贷款 161.7 亿日元,若按日元对美元

145∶1 计算,折合 1.1 亿美元,比按借款时汇率折合的 0.7 亿美元多支付 0.4 亿美元。债务负担增加 0.6 倍。

② 国际金融组织贷款。国际金融组织贷款是指国际货币基金组织(IMF)、世界银行(IBRD)、国际开发协会(IDA)、国际金融公司(IFC)、亚洲开发银行(ADB)、联合国农业发展基金会和其他国际性、地区性金融组织提供的贷款。旨在帮助成员国开发资源、发展经济和平衡国际收支。其贷款发放对象主要有以下三个方面:对发展中国家提供以发展基础产业为主的中长期贷款;对低收入的贫困国家提供开发项目以及文教建设方面的长期贷款;对发展中国家的私人企业提供小额中长期贷款。

自 1981 年至今,中国利用国际金融组织贷款项目累计达 457 个,承诺贷款金额约为 657.5 亿美元,并累计获得国际金融组织赠款 28 亿多美元。其中 70% 分布在中西部,涉及交通、能源、城建、环保、农业和农村发展、教育、卫生、工业等国民经济重点领域,为促进中国经济和社会发展发挥了积极的作用。

③ 出口信贷。出口信贷是一种国际信贷方式,是一国政府为支持和扩大本国大型设备等产品的出口、增强国际竞争力,对出口产品给予利息补贴、提供出口信用保险及信贷担保,鼓励本国的银行或非银行金融机构对本国的出口商或外国的进口商(或其银行)提供利率较低的贷款,以解决本国出口商资金周转的困难,或满足国外进口商对本国出口商支付货款需要的一种国际信贷方式。出口信贷名称的由来就是因为这种贷款由出口方提供,并且以推动出口为目的。

出口信贷按接受对象的不同分为买方信贷和卖方信贷。这类贷款利率较低,贷款年限一般在 10～15 年。对于出口贸易中金额较大、付款期较长的情况,如成套设备的出口,经常使用出口信贷。

买方信贷是出口方银行直接向进口商或进口方银行提供的商业信贷。买方信贷一般限于合同金额的 85%,并以合同金额的 15% 作为定金在签订合同后一个月内支付。卖方交货完毕或工厂建成投产,进口商或进口方银行再向出口方银行分次还款,每半年还款一次。

卖方信贷是出口方银行向本国出口商提供的商业信贷,也是出口商向国外进口商提供延期付款的一种信贷方式。出口商为销售产品,与进口方银行签订信贷合同,得到出口信贷作为对进口商购买自己产品的垫付资金,从而允许买方赊购、分期付款。使用卖方信贷,进口商在订货时一般先付合同金额 15% 的定金,其余货款待全部交货或工厂开工投产后陆续偿还。进口商还款后,出口商把贷款归还出口方银行。

3. 项目融资的原则

在制订具体项目融资计划时,应坚持以下五项原则。

1) 规模适度原则

项目无论是通过何种渠道、采用何种方式进行融资,都必须预先确定合理的资金需要量,使融资量与需要量相互平衡,防止融资不足而影响生产经营活动的正常开展,同时也避免融资过剩而降低融资效益。

2) 结构合理原则

项目在融资时,必须使项目的权益资本与借入资金保持合理的结构关系,防止负债过多而增加财务风险,增加偿债压力;或者没有充分利用负债经营,使权益资本的收益水平降低。

3）成本节约原则

项目在融资行为中，必须认真地选择融资来源和方式，综合考虑不同融资渠道与融资方式的难易程度、资金成本等因素，降低融资成本，提高融资效益。

4）时机得当原则

项目在融资过程中，必须按照投资机会来把握融资时机，从投资计划的时间安排上，确定合理的融资计划与融资时机，以避免取得资金过早而造成投资前的闲置，或者取得资金的相对滞后而影响投资计划。

5）依法融资原则

项目在融资过程中，必须接受国家有关法律法规及政策的指导，依法融资，履行约定的责任，维护投资者权益。

4. 项目融资风险分析

融资风险是指融资活动存在的各种风险。融资风险有可能使投资者、项目法人、债权人等各方蒙受损失。为减少融资风险损失，对融资方案实施中可能存在的资金供应风险、利率风险和汇率风险等风险因素应进行分析评价，提出防范风险的对策。

1）资金供应风险

资金供应风险是指在项目实施过程中资金不落实导致的风险。为防范资金供应风险，必须认真做好资金来源可靠性分析。资金不落实的原因很多，主要包括以下几点。

(1) 已承诺出资的股本投资者由于出资能力有限（或者由于拟建项目的投资效益缺乏足够的吸引力）而不能（或不再）兑现承诺。

(2) 原定发行股票、债券计划不能实现。

(3) 既有企业法人由于经营状况恶化无力按原定计划出资。

2）利率风险

利率风险是指由于利率变动导致资金成本上升，给项目造成损失的可能性。

3）项目融资决策风险

在项目的运营期间融资决策带来的风险分为两类，即财务风险与经营风险。所谓财务风险，是指由于举债（融资）而给企业或项目的财务成果带来的不确定性。项目建设时以各种渠道融资，借入资金需要还本付息。当项目经营所得税前利润率高于借入资金利率时，能够使项目的自有资金的利润率提高；反之，则会降低自有资金的利润率。如果项目经营的息税前利润尚不够支付利息，就要用自有资金支付，使项目发生亏损。若项目亏损严重，财务状况恶化，丧失支付能力，就会招致破产的危险。而经营风险就是指因生产经营方面的原因给企业盈利带来的不确定性。比如，原材料价格的变动，新技术、新工艺的出现，汇率波动等都会引起企业的利润发生变化。

4）融资风险分析方法

在进行项目融资的风险分析时，应根据项目具体情况选用一种或几种方法。通常，用于项目融资风险变化的情况分类的风险分析方法见表4-6。

表 4-6 主要的风险分析方法

风险变化情况	风险分析方法
变化有一定范围	专家调查法、层次分析法、盈亏平衡分析法、敏感性分析法
变化遵循统计规律	概率分析法、CAPM 分析法、蒙特卡洛分析法、投资膨胀分析法
变化无规律,无范围	准则分析法、专家评分分析法、风险当量分析法

4.1.5 融资资金成本

1. 资金结构分析

1) 资金结构的概念

资金结构是指融资方案中各种资金的比例关系。融资方案分析中资金结构分析是一项重要内容,企业应运用适当的方法确定最佳资金结构,并在以后追加筹资中继续保持。倘若资金结构不合理,应通过筹资活动进行调整,使其趋于合理。资金结构包括以下三个比例。

(1) 项目资本金与项目债务资金的比例。项目资本金与项目债务资金的比例,是项目资金结构中最重要的比例关系。当资本金比例降低到银行不能接受的水平时,银行将会拒绝贷款。资本金与债务资金的合理比例需要由各个参与方的利益平衡来决定。

资本金所占比例越高,企业的财务风险和债权人的风险越小,可能获得较低利率的债务资金。由于债务资金的利息是在所得税前列支的,故可起到合理减税的效果。在项目的收益不变、项目投资财务内部收益率高于负债利率的条件下,由于财务杠杆的作用,资本金所占比例越低,则能为权益投资者获得越高的投资回报。

(2) 项目资本金内部结构的比例。项目资本金内部结构的比例是指项目投资各方的出资比例。不同的出资比例决定各投资方对项目建设与经营的决策权和承担的责任。以及项目收益的分配比例。

(3) 项目债务资金内部结构的比例。项目债务资金结构比例反映债权各方为项目提供债务资金的数额比例、债务期限比例、内债和外债比例以及外债中的各币种债务比例等。

2) 影响资金结构的因素

影响资金结构的主要因素:①项目建设方的风险意识及所有权结构;②企业的规模;③资产结构;④利率水平的变动趋势;⑤企业的财务状况。

此外,行业的资金结构因素,企业销售增长情况、贷款人和信用机构的态度以及所得税率的高低也是影响资金结构的因素。

2. 资金成本分析

1) 资金成本的概念及其构成

资金成本是指企业为筹集和使用资金而付出的代价。它由两部分组成:一是资金筹集成本,二是资金使用成本。资金筹集成本是指在资金筹措过程中支付的各项费用。如银行的借款手续费、股票的发行费、债券的各项代理费用,以及资金筹集过程中的相关费用等。它属于一次性费用,仅与筹集次数有关,在筹措时一次支付或扣除,在使用过程中不再发生。资金使用成本是指在资金使用期间支付给债权人的各项费用,如贷款利息、股息等,它和资金的使用时间和数额有关。一般在使用时才定期、分期支付,具有经常性、多次性、定期性的特点。

2) 资金成本的性质

资金成本是由于资金所有权与使用权分离而产生的,它具有以下三个属性。

(1) 资金成本是资金使用者向资金所有者和中介机构支付的占用费和筹集费。

(2) 资金成本与资金的时间价值不同,资金的时间价值反映的是资金在生产、流通环节的运动所带来的增值,是时间的函数,而资金成本不仅是时间的函数,还是资金数额的函数。

(3) 资金成本具有一般产品成本的基本属性,但资金成本中只有一部分具有产品成本的性质,可计入产品成本,另一部分直接作为生产性耗费或作为利润进行分配。

3) 资金成本的作用

任何一个正常运营的企业都有希望以最低的成本获得资金,以提高经济效益,所以资金成本是一个重要的经济指标。资金成本具有以下作用。

(1) 它是企业选择资金来源及筹资方式的重要依据。

(2) 它是企业进行资金结构决策的重要依据。

(3) 资金成本率是衡量企业经营业绩的一个重要标准,是企业在生产经营活动中必须获取的最低收益率。

4) 资金成本的计算

资金成本 K 可以用绝对数表示,也可以用相对数表示。

当以绝对数表示时,有

$$K = D + F \tag{4-21}$$

式中:D——资金使用费;

F——资金筹集费。

当以相对数,即资金成本率 k 表示时,有

$$k = \frac{D}{P - F} \tag{4-22}$$

或

$$k = \frac{D}{P(1 - f)} \tag{4-23}$$

式中:P——筹资数额;

f——资金筹集费率。

不同资金来源,其资金成本的计算是不同的,具体计算如下。

(1) 股票。以发行股票筹集资金。其资金筹集费主要有注册费和代销费。而资金使

用费主要是股息,股票的股息在税后支付。股票分为普通股和优先股,二者的区别从权利上讲主要是:普通股东享有决策的参与权、利润的分配权,优先认股权和剩余财产的分配权;而优先股的股东不具有上述权利。但普通股的股利是随公司经营状况而变动的,优先股的股利是以固定的股利率来支付的,不受公司盈利多少的影响,若当年可供分配股利不足以按约定股利率支付优先股股利时,由以后年度可供分配的股利来补足。优先股的资金成本率的计算公式为

$$k_P = \frac{D}{P(1-f)} = \frac{P_0 i}{P_0(1-f)} = \frac{i}{1-f} \tag{4-24}$$

式中:k_P——优先股成本率;
P_0——优先股票面值;
i——优先股每年股息;
D——股息率。

【例 4-12】 某项目建设以优先股方式筹集资金,票面额按正常市价计算为 200 万元,筹资费率为 4%,优先股每年股息率 14%,试计算其资金成本率。

【解】 利用式(4-22)得

$$k_P = \frac{i}{1-f} = \frac{14\%}{1-4\%} = 14.58\%$$

由于普通股的股息是随企业的经营状况而定的,因此在筹资的时候要对项目的运营状况作出准确的判断,以此来确定项目未来的收益情况,从而对普通股的股息的支付作出比较准确的预测。所以,普通股的资金成本率的计算要根据实际情况而定。

(2) 债券。以发行债券来筹措资金是项目融资的一个主要渠道。债券的利息在税前支付,列入企业的费用开支,可使企业少缴一部分所得税,因而在计算企业所支付的利息时要扣除这一部分费用,债券的资金成本率计算公式为

$$k_B = \frac{D}{P(1-f)} = \frac{I(1-T)}{B_0(1-f)} = \frac{i(1-T)}{1-f} \tag{4-25}$$

式中:k_B——以债券融资的资金成本率;
B_0——债券面值;
I——债券年利息总额;
T——企业所得税税率,取 25%;
i——债券年利率。

(3) 银行贷款。银行贷款是项目常用的融资方式。向银行贷款,企业所支付的利息和费用一般可作企业的费用开支,相应减少部分利润,会使企业少缴一部分所得税,因而使企业的实际支出相应减少。其资金成本率计算公式同债券融资。

【例 4-13】 某公司为筹建一个基础项目,发行长期债券 10000 万元。筹资费率为 3%,债券年利息率为 7%。
① 试计算其资金成本率。

② 如果该企业不是发行长期债券,而是向银行长期贷款 10000 万元,其年利率为 7%,贷款费用率为 0.5%,试计算其资金成本率。

【解】
① 代入公式有

$$k_B = \frac{i(1-T)}{1-f} = \frac{7\%(1-25\%)}{1-3\%} = 5.41\%$$

故以债券筹资的资金成本率为 5.41%。
② 代入公式有

$$k_B = \frac{i(1-T)}{1-f} = \frac{7\%(1-25\%)}{1-0.5\%} = 5.28\%$$

故向银行长期借款,其资金成本率为 4.52%。

(4) 租赁。租赁是融资的另一种方式,有经营租赁、融资租赁和服务租赁三种方式。企业租入固定资产,获得其使用权,同时要定期支付租金。租金列入企业成本,相应减少所得税。其资金成本率计算公式为

$$k_L = \frac{E}{P_L} \times (1-T) \tag{4-26}$$

式中:k_L——租赁成本率;
   P_L——租赁资产价值;
   E——年支付租金额。

【例 4-14】 某工程租入运输车辆两台,价值为 25 万元,年付租金 5000 元,所得税率为 25%,试计算其资金成本率。

【解】

$$k_L = \frac{5000}{250000} \times (1-25\%) = 1.5\%$$

故租入车辆其资金成本率为 1.5%。

(5) 保留盈余。企业在利润分配中经常要将一部分净利润留存在企业中,以满足企业扩大再生产的需要,称为留存收益,也称保留盈余,显然,其所有权属于股东。这种资金来源相当于股东对企业的再投资,只不过少了筹资费用而已。因此,其资金成本是股东失去对外投资的机会成本,而实际企业支付的只是股利。所以,其资金成本率计算与普通股相同,只是少了筹资费用,其资金成本率计算公式为

$$k_R = \frac{D_1}{P_0} + g = i + g \tag{4-27}$$

式中:k_R——保留盈余的资金成本率;
   D_1——留存收益的数额资金对外投资的最大股息额;
   P_0——留存收益数额;
   g——股利增长率。

上面计算留存收益的资金成本率公式假设股利是线性递增的,如果股利是不变的,其计算公式为

$$k_R = \frac{D_1}{P_0} = i \tag{4-28}$$

(6) 平均资金成本。当一个项目需要大量资金时,一般要从不同的渠道以不同的方式来取得这些资金,其成本显然各不相同。为了进行融资与投资决策,需要对不同组合的融资方案的资金成本进行比较,所以就要计算其平均资金成本率 k。所谓平均资金成本率,就是各种渠道所筹资金成本率的加权平均数。在计算时,首先计算各种来源资金的资金成本率,然后计算各自在全部资金中所占的比重权数,最后计算其加权平均数即可。计算公式为

$$k = \sum_{i=1}^{n} \omega_i k_i \tag{4-29}$$

式中：ω_i——第 i 种来源资金占全部奖金的比重；

k_i——第 i 种来源资金的资金成本率。

【例 4-15】 某项目筹资有两个方案,甲方案发行长期债券 309 万元,筹资费率为 3%,债券利率为 6%,优先股发行 700 万元,股利率为 8%,没有筹资费用;乙方案发行长期债券 500 万元,利率为 6%,筹资费率为 3%,企业所得税率为 25%,同时发行普通股 500 万元,筹资费率为 2%,股利率为 4%,且每年增加 4%。试比较两方案的优劣。

【解】 对于甲方案,有

$$\omega_B = \frac{300}{1000} = 30\%, \quad k_B = \frac{i(1-T)}{1-f} = \frac{6\% \times (1-25\%)}{1-3\%} = 4.64\%$$

$$\omega_P = \frac{700}{1000} = 70\%, \quad k_P = 8\%$$

$$k_甲 = \sum_{i=1}^{n} \omega_i k_i = 30\% \times 4.64\% + 70\% \times 8\% = 6.99\%$$

对于乙方案,有

$$\omega_B = \frac{500}{1000} = 50\%, \quad k_B = \frac{i(1-T)}{1-f} = \frac{6\% \times (1-25\%)}{1-3\%} = 4.64\%$$

$$\omega_P = \frac{500}{1000} = 50\%, \quad k_P = \frac{4\%}{1-2\%} + 4\% = 8.08\%$$

$$k_乙 = \sum_{i=1}^{n} \omega_i k_i = 50\% \times 4.64\% + 50\% \times 8.08\% = 6.36\%$$

显然,$k_甲 > k_乙$。所以,应选择乙方案进行筹资。

4.2 建设项目运营期工程经济分析

4.2.1 建设项目产品总成本费用估算

建设项目投入便会有产出,同理,企业要销售产品必须先生产出产品,为此要消耗各种原材料、支付人工工资,以及为组织和管理生产而发生各项费用。对于工业企业,总成本费用是指项目运营期内为生产产品或提供服务所发生的全部费用,等于经营成本与折旧费、摊销费和财务费用之和。

成本与费用是相互关联又相互区别的一对概念,成本一定是费用,但费用不一定是成本。成本的范围小,费用的范围大,成本是将有关费用按一定的对象进行归集分配后形成的。因此,可以说成本是对象化的费用。

总成本费用按成本与生产过程的关系分为生产成本和期间费用;按成本与产量的关系分为固定成本和可变成本等。成本费用的估算是确定项目流动资金、计算项目利润、进行项目财务评价和不确定分析的基本依据,还可将对应的市场价格调整为影子价格后用于费用效益分析。

1. 建设项目产品总成本的构成

1) 按要素成本法分类

要素成本法指按生产费用的经济性质划分各种费用要素,即按制造产品时所耗费的原始形态划分,不考虑这些费用产生的用途和发生的地点,只要性质相同都归为一类。此时,总成本费用构成如图4-6所示。

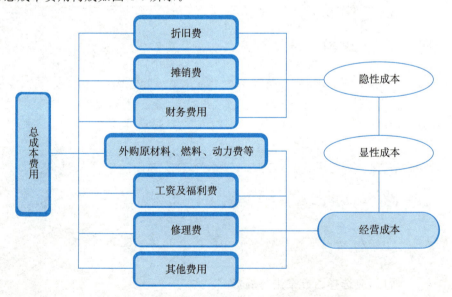

图4-6 总成本费用构成(要素成本法)

需要注意的是,各费用要素中均包含直接成本、制造费用和期间费用中的相同成本要素。例如,外购原材料费除包含直接材料费中的原材料、辅助材料、备品备件、外购半成品、包装物以及其他直接材料,还包含制造费用、期间费用中的物料消耗、低值易耗品费用等。

其他费用是组织和管理生产以及销售产品过程中所发生的不包括在折旧费、摊销费、财务费用、外购原材料费、燃料费、动力费、工资及福利费、修理费之内的各项费用总和,如办公费、差旅费、劳动保护费、保险费、工会经费、土地使用费、房产税、车船使用税、广告费等。

按要素成本法分类的总成本费用构成表见表4-7。

表 4-7 总成本费用构成表(按要素成本法分类)

序号	项目	合计	计算期/年				
			1	2	3	…	n
1	外购原材料费						
2	外购燃料及动力费						
3	工资及福利费						
4	修理费						
5	其他费用						
6	经营成本(合计=1+2+3+4+5)						
7	折旧费						
8	摊销费						
9	利息支出						
10	总成本费用(合计=6+7+8+9)						
	其中:固定成本						
	可变成本						

通俗地讲,经营成本是指在一年的会计周期内,纯粹为了生产经营活动而在当年支出的费用,表示项目年度的资金流出量。年总成本减去年折旧费、年摊销费和年利息支出后即为经营成本。

经营成本=总成本费用-折旧费-摊销费-借款利息支出

2) 按制造成本法分类

制造成本法是20世纪早期资本主义公司发展的产物。按制造成本法分类即按费用的经济用途分类,总成本费用构成如图4-7所示。

制造成本是指生产活动的成本,即企业为生产产品而发生的成本,包括直接成本和制造费用。制造成本是生产过程中各种资源利用情况的货币表示,是衡量企业技术和管理水平的重要指标。

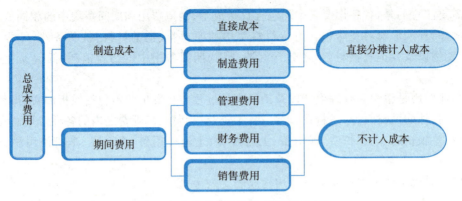

图 4-7 总成本费用构成（制造成本法）

期间费用是与产品生产无直接关系，属于某一时期耗用的费用，包括管理费用、财务费用、销售费用三项费用。

在我国的财务管理中，管理费用、财务费用及销售费用作为期间费用不计入产品成本，而是直接计入当期损益，从当期收入中扣除。

制造成本法特点是同一投入要素分别在不同的项目中加以记录和核算。其优点在于简化了核算过程，便于成本核算的管理；缺点是看不清各种投入要素占总成本的比例。为了解决这一问题，总成本费用可由生产要素为基础构成。

总成本费用的组成及含义见表 4-8。

表 4-8 总成本费用的组成及含义

组成	再组成	含义
制造成本	直接成本	直接成本包括直接材料（原材料、辅助材料、备品备件、外购半成品、包装物以及其他直接材料、燃料及动力等）、直接工资（生产人员的工资、奖金、津贴和补贴等）、其他直接支出（如福利费）
	制造费用	制造费用是指企业内部各生产经营单位（分厂、车间）为组织和管理生产活动而发生的制造费用和不能直接计入产品成本的各项间接费用。如分厂和车间管理人员工资及福利费、生产设备和建筑等的折旧费、修理费、办公费、差旅费、劳动保护费、保险费、试验检验费等，按一定的标准分配计入生产成本
期间费用	管理费用	管理费用是指企业行政管理部门组织和管理全厂生产经营活动过程中支出的各项费用，包括企业总部管理人员工资、职工福利费、工会经费、职工教育经费、办公费、劳动保险费、土地使用费、排污费、业务招待费、有关的摊销费用、有关的折旧费用、房产税、车船使用税、土地使用税、印花税等
	财务费用	财务费用是指企业为筹集生产经营所需资金而发生的各项支出，包括借款的利息支出、汇兑损失、金融机构手续费、调剂外汇手续费，以及为筹集资金而支出的其他财务费用
	销售费用	销售费用是指企业销售产品和促销产品而发生的费用支出，包括运输费、包装费、装卸费、广告费、保险费、委托代销费、展览费、折旧费，以及专设销售部门的经费，诸如销售部门职工工资、福利费、办公费、修理费等

按制造成本法分类的总成本费用构成表见表 4-9。

表 4-9 总成本费用构成表（按制造成本法分类）

序号	项目	合计	计算期/年				
			1	2	3	…	n
1	生产成本						
1.1	直接材料费						
1.2	直接燃料及动力费						
1.3	直接工资及福利费						
1.4	制造费用						
1.4.1	折旧费						
1.4.2	修理费						
1.4.3	其他制造费						
2	管理费用						
2.1	无形资产摊销费						
2.2	其他资产摊销费						
2.3	其他管理费用						
3	财务费用						
3.1	利息支出						
3.1.1	长期借款利息						
3.1.2	流动资金借款利息						
3.1.3	短期借款利息						
4	营业费用						
5	总成本费用（合计＝1＋2＋3＋4）						
5.1	其中：可变成本						
5.2	固定成本						
6	经营成本（合计＝5－1.4.1－2.1－2.2－3.1）						

3) 按成本与产量的关系分类

为了进行工程经济效果的不确定性分析，按照成本与产量的关系，将总成本划分为固定成本和可变成本。可变成本是指随着产品产量的增减而发生增减的各项费用，固定成本指随着产量的增减而相对不变的费用。此种分类便于企业加强成本费用管理，总成本费用构成如图 4-8 所示。

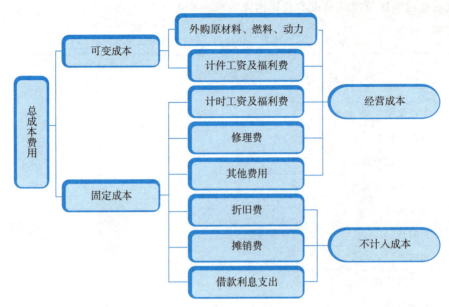

图 4-8　总成本费用构成（按成本与产量的关系划分）

2. 总成本费用估算

1）外购原材料成本估算

原材料年耗用额计算公式为

$$原材料年耗用额 = \sum(产品年产量 \times 单位产品原材料消耗定额 \times 原材料外购单价) \tag{4-30}$$

2）外购燃料、动力成本估算

其估算方法类似于外购原材料成本估算方法。

3）工资及福利费用估算

工资总额计算公式为

$$工资总额 = 职工定员数 \times 平均年工资额 \tag{4-31}$$

式中：职工定员是指按拟订方案提出的生产人员、分厂管理人员、总部管理人员及销售人员总人数，人均年工资额有时要考虑一定的年增长率。

职工福利制度是指企业职工在职期间应在卫生保健、房租价格补贴、生活困难补助、集体福利设施，以及不列入人工资发放范围的各项物价补贴等方面享受的待遇和权益，这是根据国家规定，为满足企业职工的共同需要和特殊需要而建立的制度。

以前我们国家的财务制度规定企业按照工资总额的 14% 计提职工福利费，而 2006 年 12 月 4 日财政部颁布的新《企业财务通则》（2007 年 1 月 1 日起在国有及国有控股企业（金融企业除外）执行，其他企业参照执行），企业不再按照工资总额的 14% 计提职工福利费，企业实际发生的职工福利费据实列支。

但职工福利性质费用支用得越多，国家、股东分配的利益就越少。新《企业财务通则》

(2006)明确规定企业不得承担下述费用:一是属于个人的娱乐、健身、旅游、招待、购物、馈赠等支出;二是购买商业保险、证券、股权、收藏品等支出;三是个人行为导致的罚款、赔偿等支出;四是购买住房、支付物业费等支出;五是应由个人承担的其他支出等。

4) 折旧费用估算

固定资产在使用过程中,将受到有形磨损和无形磨损而使其价值发生损失。损失的价值逐渐转移到产品成本或商品流通费用当中,该损失价值称为折旧。

计提折旧是企业回收固定资产投资的一种会计手段。按照国家规定的折旧制度,企业把已发生的资本性支出转移到产品成本费用中去,然后通过产品的销售,逐步回收初始的投资费用。

(1) 平均年限法。平均年限法又称直线折旧法,是企业的固定资产折旧通常采用的方法。计算公式为

$$年折旧率 = \frac{1 - 预计净残值率}{折旧年限} \times 100\% \tag{4-32}$$

$$年折旧额 = 固定资产原值 \times 年折旧率 \tag{4-33}$$

采用该法时,每年折旧率相同,每年折旧额相同。

(2) 工作量法。工作量法是以固定资产的使用状况为依据计算折旧的一种方法。它适用于企业专业车队的客、货运汽车及某些大型设备的折旧。

按照行驶里程计算折旧:

$$单位里程折旧额 = 原值 \times \frac{1 - 预计净残值率}{总行驶里程} \tag{4-34}$$

$$年折旧额 = 单位里程折旧额 \times 年行驶里程 \tag{4-35}$$

按照工作小时计算折旧:

$$每工作小时折旧额 = 原值 \times \frac{1 - 预计净残值率}{总工作小时} \tag{4-36}$$

$$年折旧额 = 每工作小时折旧额 \times 年工作小时 \tag{4-37}$$

(3) 双倍余额递减法。双倍余额递减法是在不考虑固定资产残值的情况下,根据每期期初固定资产账面净值和双倍的直线法折旧率计算固定资产折旧的一种方法。计算公式为

$$年折旧率 = \frac{2}{折旧年限} \times 100\% \tag{4-38}$$

$$年折旧额 = 年初固定资产净值 \times 年折旧率 \tag{4-39}$$

$$年初固定资产净值 = 固定资产原值 - 之前累计年折旧额 \tag{4-40}$$

采用该法时,年折旧率不变,但计算基数逐年递减,因此年折旧额也随之递减。双倍余额递减法是固定资产加速折旧的一种计算方法。该法折旧时,由于初期和中期时不考虑净残值对折旧的影响,为了防止净残值被提前一起折旧,现行会计制度规定,在固定资产使用的最后两年中,折旧计算方法改为平均年限法。

(4) 年数总和法。年数总和法是将固定资产的原值减去预计净残值后的净额乘以一个逐年递减的分数计算每年的折旧额,这个分数的分子代表固定资产尚可使用的年数,分母代表使用年限的总和。计算公式为

$$年折旧率 = \frac{折旧年限 - 已使用年限}{折旧年限 \times (折旧年限 + 1) \div 2} \times 100\% \tag{4-41}$$

$$年折旧额 = (固定资产原值 - 预计净残值) \times 年折旧率 \tag{4-42}$$

采用该法时,计算基数不变,但年折旧率递减,因此,年折旧额也随之递减。

正确计算和提取折旧,不但有利于计算产品成本,而且保证了固定资产再生产的资金来源。折旧是成本的组成部分,运用不同的折旧方法计算出的折旧额在量上不一致,分摊到各期生产成本中的固定资产成本也存在差异,特别是采用加速折旧的方法(双倍余额递减法和年数总和法)。因此,折旧的计算和提取必然关系到成本的大小,直接影响企业的利润水平,最终影响企业的所得税轻重。由于折旧方法上存在差异,也就为企业进行税收筹划提供了可能。

【例 4-16】 某市港码头一吊装机械设备的资产原值为 5000 万元,折旧年限为 10 年,预计净残值率为 4%。试按不同的折旧方法计算年折旧额。

【解】 计算结果见表 4-10。

表 4-10 年折旧额计算表

方法	项目	年份										
		1	2	3	4	5	6	7	8	9	10	合计
平均年限法	资产净值/万元	5000	4520	4040	3560	3080	2600	2120	1640	1160	680	
	年折旧率/%	9.6	9.6	9.6	9.6	9.6	9.6	9.6	9.6	9.6	9.6	
	年折旧额/万元	480	480	480	480	480	480	480	480	480	480	4800
	预计净残值/万元											200
双倍余额法	资产净值/万元	5000	4000	3200	2560	2048	1638	1310	1048	838	519	
	年折旧率/%	20	20	20	20	20	20	20	20	—	—	
	年折旧额/万元	1000	800	640	512	410	328	262	210	319	319	4800
	预计净残值/万元											200
年数总和法	资产净值/万元	5000	4127	3342	2644	2033	1509	1073	724	462	287	
	年折旧率/%	10/55	9/55	8/55	7/55	6/55	5/55	4/55	3/55	2/55	1/55	
	年折旧额/万元	873	785	698	611	524	436	349	262	175	87	4800
	预计净残值/万元											200

三种折旧方式的年折旧额对比如图 4-9 所示。

5) 摊销费估算

摊销费是指无形资产和递延资产在一定期限内分期摊销的费用。无形资产和递延资产的原始价值也要在规定的年限内,按年度或产量转移到产品的成本之中,这一部分被转

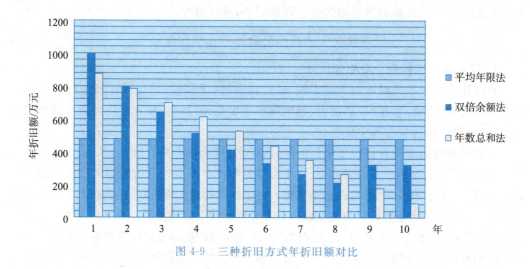

图 4-9 三种折旧方式年折旧额对比

移的无形资产和递延资产的原始价值,称为摊销费。企业通过计提摊销费,回收无形资产及递延资产的资本支出。

摊销期限一般不少于 5 年,不超过 10 年。摊销一般采用直线法计算,不留残值。有时可采用加速摊销法。随着知识经济时代的到来,无形资产在企业经济活动中占的地位越来越重要,无形资产的摊销方法也应比照固定资产的折旧方法,即也要选择能够反映企业消耗无形资产内含经济利益的无形资产摊销方法。

6) 修理费用估算

修理费包括大修理费用和中、小修理费用。可行性研究阶段无法确定修理费具体发生的时间和金额,一般按照年折旧费的一定百分比计算。该百分比可参照同类项目的经验数据加以确定,即

$$修理费 = 固定资产年折旧额 \times 计提比率 \tag{4-43}$$

7) 财务费用估算

一般情况下,财务费用主要是利息支出,包括生产经营期间所发生的由于建设投资借款而产生的利息、流动资金借款利息以及其他短期借款利息等。

8) 其他费用估算

在可行性研究阶段,其他费用一般根据总成本费用中前七项(外购原材料成本、外购燃料动力成本、工资及福利费、折旧费、摊销费、修理费、财务费)之和的一定百分比计算,其比率应按照同类企业的经验数据加以确定。

4.2.2 建设项目运营期财务计算

1. 项目投产销售收入与销售税金估算

1) 销售收入估算

销售收入是指项目投产后在一定时间内(通常为 1 年)销售产品所取得的收入,销售

收入取决于年产品销量和产品销售单价两个因素,其计算公式为

$$销售收入 = 产品年销量 \times 产品销售单价 \tag{4-44}$$

2)项目投产销售税金及附加估算

税收作为国家取得财政收入的手段,具有强制性、无偿性、固定性。根据我国税制改革实施方案,增值税、营业税、消费税、城市维护建设税、资源税、教育费附加等从销售收入中扣除,所得税从利润总额中征收。

各种税金及附加按现行税法规定的税目、税率、计税依据进行计算。

(1)增值税。增值税是以商品生产、流通和劳务各个环节的增值额为征税对象的一种流转税,是一种价外税。而增值额就是纳税人在一定时期内销售货物、提供加工和修理修配等业务取得的收入大于其购进货物或取得劳务时所交付金额的差额。按增值额的一定百分率交纳增值税,有利于公平税负,避免对同一产品在不同产销环节的流转额重复征税。

增值税的征税范围主要包括销售有形货物(除房地产等不动产外),提供加工、修理修配业务和进口货物(必须是应纳增值税且属于报关进口的货物)。

① 增值税的税率有以下三种。

a. 适用于出口货物的零税率,国务院另有规定的除外。

b. 适用于特定货物(国务院有规定的低税率为 9%)。

c. 适用于一般货物和应税劳务的基本税率,为 13%。

② 增值税的纳税人分为一般纳税人和小规模纳税人两种。

a. 一般纳税人增值税的计算

一般纳税人是指应税销售额超过规定标准的纳税人,其增值税的计算公式为

$$应纳增值税额 = 当期销项税额 - 当期进项税额 \tag{4-45}$$

b. 小规模纳税人增值税的计算

小规模纳税人是指应税销售额在规定标准以下的纳税人,其增值税的计算公式为

$$应纳增值税额 = 销售额 \times 征收率(3\%) \tag{4-46}$$

(2)营业税。营业税是对我国境内提供应税劳务、转让无形资产或销售不动产的单位和个人就其取得的营业额征收的一种流转税。

营业税按行业设置税目,实行行业差别比例税率,对经营同一业务的纳税人适用同一税率,对经营不同业务的纳税人适用不同的税率。具体税率一般有 3% 和 5% 两档,对于娱乐行业实行 5%~20% 的幅度税率。

营业税的计税依据为纳税人实现的营业额,其计算公式为

$$应纳营业税额 = 营业额 \times 适用税率 \tag{4-47}$$

(3)消费税。消费税是对在我国境内生产、委托加工和进口的特定消费品所征收的一种税。它是 1994 年税制改革在流转税制中新设置的一个税种。消费税实行价内税,只在应税消费品的生产、委托加工和进口环节缴纳,在以后的批发或零售等环节,因为价款中已包含消费税,因此不再缴纳消费税,税款最终由消费者承担。

消费税实行从价定率或者从量定额的办法计算应纳税额。应纳税额的计算公式为

$$从价定率办法计算的应纳税额 = 销售额 \times 税率 \quad (4-48)$$

$$从量定额办法计算的应纳税额 = 销售数量 \times 单位税额 \quad (4-49)$$

$$复合计税办法计算的应纳税额 = 销售额 \times 比例税率 + 销售数量 \times 定额税率 \quad (4-50)$$

(4) 城乡建设维护税。城市建设维护税是国家对缴纳增值税、消费税、营业税的单位和个人就其实际缴纳的"三税"税额为计税依据而征收的一种税。它属于特定目的税,是国家为加强城市的维护建设,扩大和稳定城市维护建设资金的来源而采取的一项税收措施。它具有以下两个显著特点。

① 它是一种附加税。它以纳税人实际缴纳的增值税、消费税和营业税税额为计税依据,附加于"三税"税额,本身并没有特定的、独立的征税对象。

② 具有特定目的。城建税税款专门用于城市的公用事业和公共设施的维护建设。

其计算公式为

$$应纳税额 = 纳税人实际缴纳的增值税、消费税、营业税税额之和 \times 适用税率 \quad (4-51)$$

适用税率为差别比例税率,分别为 7%、5%、1%。

【例 4-17】 某市一企业 2004 年 3 月实际缴纳的增值税为 500000 元,缴纳的消费税为 200000 元,缴纳的营业税为 100000 元。计算该企业 2004 年 3 月应缴纳的城市建设维护税。

【解】

$$应纳税额 = (500000 + 200000 + 100000) \times 7\% = 56000(元)$$

(5) 教育费附加。教育费附加是为了加快地方教育事业的发展,扩大地方教育经费的资金来源而开征的。

教育费附加收入纳入预算管理,作为教育专项基金,主要用于各地改善教学设施和办学条件。其计算公式为

$$应纳教育费附加额 = 纳税人实际缴纳的增值税、消费税、营业税税额之和 \times 3\% \quad (4-52)$$

(6) 资源税。资源税是对在我国境内开采应税资源产品的单位和个人取得的级差收入所课征的一种税。

我国现行资源税为狭义资源税,其课税范围只限于矿产品和盐。资源税根据自然资源贫富和开采条件优劣采取级差收入课税,其目的是体现国家的权益,促进合理开发利用资源,调节矿产资源的级差收入,为企业创造公平竞争的环境。

资源税额采取从量定额的办法征收,实施"普遍征收、级差调节"的原则。其应纳税额可根据应税产品的课税数量和规定的单位税额计算求得,具体计算公式为

$$应纳税额 = 课税数量 \times 单位税额 \quad (4-53)$$

【例 4-18】 某油田 1998 年 2 月销售原油 30 万吨。开采原油过程中伴生的天然气 500 万立方米,实际销售 400 万立方米。该油田 2 月应纳多少资源税?(原油适用税额为 10 元/吨,每 1000 立方米的天然气适用税额为 5 元)

【解】

$$原油应纳税额 = 课税数量 \times 单位税额 = 300000 \times 10 = 3000000(元)$$
$$天然气应纳税额 = 课税数量 \times 单位税额 = 4000 \times 5 = 20000(元)$$
$$2月该油田应纳资源税 = 3000000 + 20000 = 3020000(元)$$

2. 企业所得税计算

所得税分企业所得税、外商投资企业、外国企业所得税和个人所得税。这里介绍企业所得税。

根据税法的规定,企业取得利润后,均应依法向国家缴纳企业所得税。正常情况下,企业所得税税率分三档,见表4-11。

表4-11 企业所得税税率

企业类型	税率/%	备注
一般企业	25	基本税率
高新技术企业	15	优惠税率
小型微利企业	20	低税率

企业所得税的纳税年度是从公历1月1日起至12月31日止。纳税人在一个纳税年度中间开业,或者由于合并、关闭等原因,使该纳税年度的实际经营期不足12个月的,应当以其实际经营期为一个纳税年度;纳税人清算时,应当以清算期间为一个纳税年度。

按照现行企业财务制度的规定,企业实现的利润总额,应先按国家规定作相应的调整,然后依法交纳所得税。这里所说的调整,主要是指弥补以前年度的亏损。因为企业发生的年度亏损,可以用下一年度的税前利润(所得税前的利润)弥补。下一年度利润总额不足弥补的,可以在5年内延续弥补。5年内不足弥补的,才用税后利润等弥补。所以企业实现的利润总额要先弥补以前5年内发生的亏损,然后据以计算应缴所得税。

企业所得税计算公式可表达为

$$企业所得税 = 应纳税所得额 \times 所得税率 \qquad (4\text{-}54)$$
$$应纳税所得额 = 利润总额 \pm 税收调整项目金额 \qquad (4\text{-}55)$$

【例4-19】 某企业某年销售收入8100万元,该年总成本费用5520万元(其中利息支出120万元),该年销售税金及附加80万元,所得税税率25%。企业该年的利润总额是多少?企业该年的息税前利润是多少?该年的企业所得税是多少?该年的企业净利润是多少?若企业前一年度亏损500万元(即利润总额-500万元),试计算该年的企业所得税。

【解】

$$该年的利润总额 = 8100 - 5520 - 80 = 2500(万元)$$
$$该年的息税前利润 = 2500 + 120 = 2620(万元)$$
$$该年的所得税 = 2500 \times 25\% = 625(万元)$$
$$该年的税后利润(净利润) = 2500 - 625 = 1875(万元)$$

若企业前一年度亏损500万元,该年的利润总额首先弥补前一年度亏损500万元,则该年应纳所得额为2500－500＝2000(万元)。

$$该年的企业所得税＝2000×25\%＝500(万元)$$

3. 利润总额及其分配估算

1) 利润总额估算

利润总额是企业在一段时期内生产经营活动的最终财务成果,集中反映了企业生产经营各方面的效益。利润总额估算公式为

$$利润总额＝产品销售收入－销售税金及附加－总成本费用 \tag{4-56}$$

2) 税后利润分配估算

税后利润是指利润总额缴纳所得税后的余额,税后利润分配是指对公司净利润的分割。对净利润如何进行分配除了受法定程序的影响外,在一定程度上还受经营、理财活动的制约。利润分配的法定程序和结构是指国家法律规定的各个利润分配的主体参与利润分配的先后顺序及其所占份额。法定分配程序如下。

(1) 弥补在亏损年度5年后尚未弥补的亏损。当一个持续经营的公司发生了亏损,资本就受到了侵蚀,如果尚未弥补亏损就分割利润,就等于把资本当利润分掉,损害了投资者的利益,所有利润总额首先要弥补以前年度亏损。为了确保国家税收的稳定和促使公司尽快扭亏增盈,国家规定了5年内延续弥补亏损的期限,延续5年未弥补的亏损,用税后净利润弥补。

【例4-20】 某企业2005年亏损2200万元(利润总额为－2200万元),2006—2011年6个会计年度利润总额分别为200万元、300万元、400万元、500万元、600万元、700万元,试计算分年的企业所得税(所得税率为25％)。

【解】 连续5年弥补2005年的亏损,2006—2010年每年的企业所得税为零。

$$2011年企业所得税＝700×25\%＝175(万元)$$

税后利润为700－175＝525(万元),其中税后利润还需弥补2005年的亏损200万元,可供继续分配的仅为325万元。

(2) 提取法定盈余公积金。法定盈余公积金是国家统一规定必须提取的公积金,其目的有两方面:一是保证公司未来的补亏能力和资金保全;二是为了公司的持续稳定发展,必须在个人和集体消费性分配之前,留足公司生产发展所需的财力。法定盈余公积金按照税后净利润扣减前项弥补亏损的10％提取,当累计额达到项目法定注册资本金的50％时可不再提取,超出部分可转增为资本金。

$$法定盈余公积金＝(税后净利润－弥补亏损)×10\% \tag{4-57}$$

(3) 提取法定公益金。公益金主要用于企业职工集体福利设施,这是我国为了保证企业集体福利的不断提高,在投资者个人分配之前硬性分配的部分。公益金按当年税后净利润扣减前项弥补亏损后的5％～10％提取。

$$法定公益金＝(税后净利润－弥补亏损)×(5\%～10\%) \tag{4-58}$$

（4）应付利润。应付利润是向投资者分配利润，企业以前年度未分配利润，可以并入本年度向投资者分配，企业当年无利润不得向投资者分配利润，可按投资协议、合同、法律法规规定进行分配。

（5）未分配利润。可供分配利润减去盈余公积金和应付利润后的余额，即为未分配利润。

综上，生产年份的销售收入、成本费用、税金、利润之间关系如图 4-10 所示。

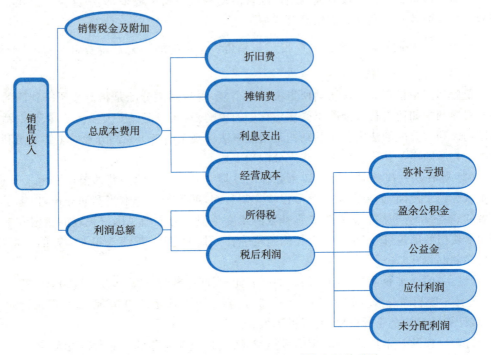

图 4-10　销售收入、成本费用、税金、利润之间关系图

　案例分析　　建设项目工程经济分析训练

项目 5 投资方案比选

某企业有 A、B、C 三个独立的投资方案,期初投资及年净收益见表 5-1,基准收益率为 10%。企业目前可用于项目建设的自有资金为 600 万元,企业该如何选取投资方案?

表 5-1　A、B、C 三个方案的期初投资及年净收益

方案	初始投资/万元	年净收益/万元	寿命/年
A	400	80	10
B	250	50	8
C	300	60	12

思考:

1. A、B、C 三个方案之间是什么关系,企业应如何进行决策?

2. 若 A、B、C 三个方案寿命期相同,企业有比较充足的资金保证,企业应如何进行决策?

3. 若 A、B、C 三个方案分别在三个不同的地域,这三个方案之间呈现什么关系,企业应如何进行决策?

5.1　方案经济效果评价

5.1.1　独立型方案经济效果评价

当在一系列方案中接受某一方案并不影响其他方案的接受时,这种方案称为独立型方案。独立型方案之间的效果具有可加性,其选择可能会出现两种情况。

(1)企业可利用的资金足够多,这时独立方案的采用与否,只取决于方案自身的经济性,即只要 NPV≥0,IRR≥i_c,则方案可行,否则方案不可行。因此,它与单一方案的评价方法是相同的。

(2)企业可利用的资金是有限制的,在不超出资金限额的条件下,选出最佳的方案组合。这类问题的处理是构造互斥型方案,即把不超过资金限额的所有可行组合方案排列

出来,使得各组合方案之间是互斥的,这样就可以按照互斥型方案的选择方法来选出最佳的方案组合。

1. 无资源约束时独立方案的选择

无资源约束下独立方案的特点是只要认为各方案在经济效果上是可以接受的,方案即可入选,且各入选方案可以并存。

1) NPV 法和 NAV 法

用净现值(NPV)法和净年值(NAV)法选择独立方案时,只需按基准收益率分别计算各方案的 NPV 或 NAV,当方案的 NPV 或 NAV 的值为正数时,则说明该方案取得了基准收益率水平以上的收益,方案可取。

【例 5-1】 某工程项目有 A、B、C、D 四个独立方案。有关资料见表 5-2,当基准收益率为 20% 时,试作选择其中不合理的方案。

表 5-2 各独立方案现金流量表

方案	投资/元	寿命/年	残值/元	年收益/元
A	20000	5	4000	6000
B	150000	10	−10000	40000
C	30000	20	0	10000
D	160000	30	10000	40000

【解】 用净现值法选择方案得

$$NPV_A = -20000 + 6000(P/A,20\%,5) + 40000(A/F,20\%,5)$$
$$= -448.8(万元)$$

同理得 $NPV_B = 16085$,$NPV_C = 18696$,$NPV_D = 39576$。

若用 NAV 法选择方案得 $NPV_A = -150.4$。

同理得 $NAV_B = 4610$,$NAV_C = 3838$,$NAV_D = 7865$。

由于 $NPV_A < 0$ 且 $NAV_A < 0$,所以方案 A 不合理,应予以拒绝。

由上面的计算结果可以看出,用 NPV 法和 NAV 法计算得出的结论是相同的。

2) 效益—费用(B/C)对比法

效益—费用(B/C)之比是一种效率型指标,其计算表达式为

$$B/C = \frac{净效益(现值或年值)}{净费用(现值或年值)} \qquad (5-1)$$

净效益包括投资方案所带来的全部收益,并减去方案实施所带来的损失;净费用包括投资方案的所有费用支出,并扣除方案实施给投资者带来的所有节约费用。若方案的净效益大于净费用,即 $B/C > 1$,则认为这个方案在经济上是可以接受的;反之,方案则是不可取的。因此,用效益—费用法选取方案的评价标准为 $B/C > 1$。

【例 5-2】 问题及数据同例 5-1,试用效益—费用法求解。

【解】 根据效益—费用法的计算公式得

A 方案：

成本 $C = 20000(A/P, 20\%, 5) - 4000(A/F, 20\%, 5) = 6150(元)$

收益 $B = 6000(元)$

$(B/C)_A = \dfrac{6000}{6150} = 0.97$

同理得 B、C、D 方案的效益—费用比为 $(B/C)_B = 1.10$；$(B/C)_C = 1.62$；$(B/C)_D = 1.25$。根据 B/C 法的选择原则可知，应选择 $B/C > 1$ 的方案，即 B、C、D 方案，A 方案不合理。

3）IRR 法

用 IRR 法选择各备选方案，其选择的原则与单方案的选择原则相同。

【例 5-3】 问题及数据同例 5-1，试用 IRR 法求解。

【解】 通过计算得出各方案的内部收益分别为 $IRR_A = 19\%$，$IRR_B = 23.3\%$，$IRR_C = 30\%$，$IRR_D = 25\%$，由于 B、C、D 方案的内部收益率均大于基准的内部收益率，所以这三个方案为入选方案，A 方案不合理。

2. 有资源约束时独立方案的选择

独立方案虽然在选择时互不影响，但当资源有限额时，即使所有的备选方案都有可供选择的有利方案，也不可能全部被采纳。这时选择方案的原则是：在资源限额内使所有资源能最有效地发挥作用，取得最大的总效益。

1）效率指标排序法

效率指标排序法是通过选取能反映投资效率的指标，用这些指标把投资方案按投资效率的高低顺序排序。在资金有约束的条件下，选择最佳方案组合，使有限资金能获得最大效益。该方法的方案选择步骤如下。

(1) 计算各方案的"效率"（如动态内部收益率、净现值率等）。

(2) 将方案按"效率"由大到小顺序，在直角坐标系上画成直方图进行排列。横坐标表示资源数量，纵坐标表示效率。

(3) 将各种投资的基准利率（可能接受的资源代价）排列在同一坐标图上。

(4) 根据方案的直方图折线、基准利率线以及资源限额的界限进行分析，界限以内基准利率线以上的方案则为入选方案。

【例 5-4】 某公司投资预算资金为 500 万元，有 6 个独立方案 A、B、C、D、E、F 可供选择，寿命均为 8 年，各方案的现金流量见表 5-3，基准收益率为 12%，判断其经济性，并选择方案。

表 5-3 各方案现金流量表

年 份	方 案					
	A	B	C	D	E	F
0	−100	−140	−80	−150	−180	−170
1~8 年	34	45	30	34	47	30

【解】 计算出各方案的 NPVR(见表 5-4),淘汰 NPVR<0 的 F 方案。

表 5-4 各方案相关指标表

方案	A	B	C	D	E	F
NPV	81.39	100.48	80.05	31.39	70.75	−9.95
NPVR	0.8139	0.7148	1.0006	0.2093	0.3930	−0.0585
按 NPVR 排序	2	3	1	5	4	6(舍去)

按 NPVR 从大到小顺序选择方案,满足限制条件的组合方案为 C、A、B、E。所用资金总额刚好为 500 万元(见图 5-1),总净现值为 332.27 万元。

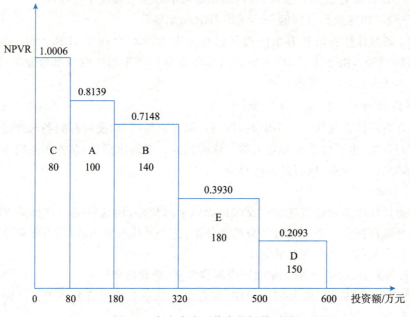

图 5-1 各方案净现值率指标排列图

【例 5-5】 某工程投资预算为 35000 元,现有 6 个独立方案,资料见表 5-5,若基准收益率为 14%,试作选择。

表 5-5 各独立方案现金流量表

方案	投资额/元	寿命/年	年收益/元
A	10000	6	2870
B	15000	9	2930
C	8000	5	2680
D	21000	3	9500
E	13000	10	2600
F	6000	4	2540

【解】 用 NAV 法计算各方案的 IRR,并按 IRR 由大到小的顺序排列,得出各方案的 IRR 计算指标见表 5-6。其中排除了 IRR 等于基准收益率的 B 方案(IRR=14%)。

表 5-6 各方案的 IRR 计算指标表　　　　　　　　　单位:元

方案	IRR	投资额	投资额累计
F	25%	6000	6000
C	20%	8000	14000
A	18%	10000	24000
D	17%	21000	45000
E	15%	13000	58000

根据上表的计算结果应预选 F、C、A 三个方案。但这一选择尚有 11000 元资金剩余,若将此资金投向基准收益率为 14% 的基准方案,则这些方案的总体收益率(TRR)为

$$TRR = \frac{0.25 \times 6000 + 0.2 \times 8000 + 0.18 \times 10000 + 0.14 \times 11000}{35000} = 18.4\%$$

由于有剩余资金,如果重新选择合适的组合方案,不仅可以使剩余资金得到充分利用,还可以使组合方案的总体收益率获得最大值。对各种组合(投资总额不超限额)方案,其总体收益率见表 5-7。

表 5-7 总体收益表

方 案 组 合	总投资额/元	TRR
F、C、D	35000	19.1%
F、C、A	24000	18.4%
F、A、E	29000	17.4%
C、A、E	31000	16.9%

根据 TRR 最大的原则,应选择方案 F、C、D。

2) 方案组合法

方案组合法是把受资金限制的独立方案都组合成相互排斥的方案,其中每一个组合方案代表一个相互排斥的组合,这就可以利用前述互斥方案的比较方法,选择最优的组合方案(最终的选择只可能是一种组合方案)。

方案组合法的一般步骤如下。

(1) 建立所有互斥方案组合(m 个独立方案有 2^m 个组合方案);其中包括 0 方案,即投资为 0,收益也为 0。

(2) 每个组合方案的现金流量为被组合的各独立方案的现金流量的叠加。

(3) 排除总投资额超过投资资金限额的组合方案。

(4) 计算所剩余各互斥组合方案的效益指标,如内部收益率和净现值等指标。
(5) 进行各互斥方案组合的比选。

【例 5-6】 某企业欲投资 A、B、C 三个项目,三个项目之间具有独立关系,寿命期均为 8 年,其详细资料见表 5-8。如果折现率为 12%,投资总额最多不得超过 450 万元。试确定最优项目组合。

表 5-8 各项目的现金流量与经济指标　　　　　　　　　　　　　单位:万元

项 目	A	B	C
初始投资	150	230	200
年净收益	35	52	46
净现值	23.87	28.31	28.51

【解】
(1) 建立所有的互斥方案组合,计算净现值指标,见表 5-9。

表 5-9　A、B、C 的互斥方案组合　　　　　　　　　　　　　　单元:万元

序号	方案组合	投资总额	年净收益	净现值
1	0	0	0	0
2	A	150	35	23.87
3	B	230	52	28.31
4	C	200	46	28.51
5	A、B	380	87	52.18
6	A、C	350	81	52.38
7	B、C	430	98	56.82
8	A、B、C	580	133	超过资金限额

(2) 进行方案比选。根据上表,前 7 个方案组合满足资金约束条件,其中第 7 个方案组合(B、C 方案)的净现值最大,故 B、C 方案组合为最优方案组合。

5.1.2 互斥型方案经济效果评价

在互斥型方案中,经济效果评价包含了两部分内容:①考察各个方案自身的经济效果,称为绝对效果检验;②考察哪个方案相对最优,称为相对效果检验。通常两种检验缺一不可。互斥型方案经济效果评价的特点是要进行方案比选,因此,必须使各方案在使用功能、定额标准、计费范围及价格等方面满足可比性。

互斥方案评价中使用的评价指标有净现值、净年值、费用现值、费用年值和差额内部收益率等。

1. 计算期相等时互斥方案的经济效果评价

1)净现值法和差额内部收益率法

【例 5-7】 有三个相互独立的方案 A、B、C,其计算期均为 10 年,现金流量见表 5-10,试确定最佳方案,设 $i_c=15\%$。

表 5-10　各方案现金流量及计算结果　　　　　　　　　　单位:万元

方案	初始投资	年净收益	NPV	IRR	ΔIRR_{C-A}	方案取舍
A	5000	1400	2027>0	25%>i_c	$\Delta IRR_{B-A}=10.59\%<i_c$	舍弃 A
B	8000	1900	1536>0	20%>i_c	$\Delta IRR_{C-A}=17.86\%>i_c$	舍弃 B
C	10000	2500	2547>0	22%>i_c		选择 C

【解】　由表 5-10 可知,A、B、C 三个方案均分别满足净现值和内部收益率指标的评价准则,即均通过了绝对经济效果检验,故三个方案均可行。

下面是相对效果检验,即选出相对最优的方案。由于净现值、净年值、内部收益率指标的评价结论的一致性,现用差额内部收益率和环比法对三个方案进行评价。如表 5-10 所列,计算过程如下:

$$-(8000-5000)+(1900-1400)(P/A,\Delta IRR_{B-A},10)=0$$

解得

$$\Delta IRR_{B-A}=10.59\%<i_c=15\%$$

故应拒绝投资额大的 B 方案而选择投资额小的 A 方案,如表 5-10 所列。

$$-(10000-5000)+(2500-1400)(P/A,\Delta IRR_{C-A},10)=0$$

解得

$$\Delta IRR_{B-A}=17.86\%>i_c=15\%$$

表明方案 C 中有 5000 万元的 IRR 与 A 方案的 IRR 相同,都是 25%,另外 5000 万元的 IRR=17.86%>i_c=15%。

最后决策:由于方案 C 的净现值(或年终值)最高,且 IRR=22%,ΔIRR_{C-A}=17.86%,均大于 i_c=15%,故最终选择 C 方案为最优方案。

对于仅有费用现金流量的互斥方案的比选,可采用差额内部收益率法进行。在这种情况下,实际上是把增量投资所导致的对其他费用的节约看作增量收益。

【例 5-8】 两个收益相同的互斥方案 A 与 B 的费用现金流量见表 5-11,寿命期均为 15 年,试选择最佳方案,设 $i_c=10\%$。

【解】

(1)采用差额内部收益率法:

$$75-7.695(P/A,\Delta IRR_{B-A},15)=0$$

表 5-11 互斥方案的费用现金流量表   单位:万元

方案	A	B	增量费用现金流量(B-A)
初始投资	150	225	75
年费用支出	17.52	9.825	−7.695

解得 $\Delta IRR_{B-A}=6.14\% < i_c=10\%$,故可断定投资额小的方案 A 优于投资额大的方案 B。

(2) 采用费用现值法:

$$PC_A = 150 + 17.52(P/A,10\%,15) = 150 + 17.52 \times 7.606 = 283.257(万元)$$
$$PC_B = 225 + 9.825(P/A,10\%,15) = 225 + 9.252 \times 7.606 = 299.73(万元)$$

由于 $PC_A < PC_B$,根据费用现值(或年值)的选优准则,费用现值或费用最小者为最优方案,可判定方案 A 优于方案 B,故应选择方案 A。

可见,费用现值法与差额内部收益率法的比选结论一致。

2) 投资回收期法

用投资回收期法评价互斥方案的步骤如下。

(1) 把方案按投资额从小到大的顺序排列。

(2) 计算每个方案的投资回收期,淘汰投资回收期大于基准投资回收期的方案;

(3) 依次计算各对比方案间的差额投资回收期,凡差额投资回收期小于基准投资回收期者应舍弃投资较小的方案而保留投资较大的方案,最后一个保留的方案应为被选方案。

【例 5-9】 某项目有两种备选方案,A 方案的总投资额为 1300 万元,估计每年净收益为 299 万元;B 方案的总投资额为 1820 万元,估计每年净收益为 390 万元。试用投资回收期法确定最优方案,基准折现率为 6%,基准投资回收期 $P_c=8$ 年。

【解】

(1) 计算 A、B 方案的投资回收期。

A 方案:

$$-1300 + 299(P/A, 6\%, P'_{DA}) = 0$$
$$(P/A, 6\%, P'_{DA}) = \frac{1300}{299} = 4.35$$

用线性内插法求得 $P'_{DA}=5.2$ 年 <8 年,可行。

B 方案:

$$-1820 + 390(P/A, 6\%, P'_{DB}) = 0$$
$$(P/A, 6\%, P'_{DB}) = \frac{1820}{390} = 4.67$$

用线性内插法求得 $P'_{DB}=5.6$ 年 <8 年,可行。

(2) 计算差额投资回收期。

$$-(1820-1300)+(390-299)[(P/A,6\%,P'_{D(B-A)}]=0$$

$$(P/A,6\%,P'_{D(B-A)})=\frac{520}{91}=5.71$$

用线性内插法求得 $P'_{D(B-A)}=7.2$ 年。

由于 B 方案对 A 方案的差额投资回收期为 7.2 年<8 年,故应选择投资较大的 B 方案。

2. 计算期不相等时互斥方案的经济效果评价

寿命期不等的互斥方案的比较主要采用净现值法和净年值法。

1) 净现值法

当互斥方案寿命不等时,通常各方案在各自寿命期内的净现值不具有可比性,这时必须设定一个共同的分析期。分析期设定一般有以下两种方法。

(1) 最小公倍数法。此法取备选方案寿命期的最小公倍数作为共同的分析期,同时假定备选方案可以在其寿命结束后按原方案重复实施若干次。例如,有两个备选方案,A 方案的寿命期为 6 年,B 方案的寿命期为 9 年,则共同的寿命期为 6 和 9 的最小公倍数 18 年,这时 A 方案和 B 方案需分别重复三次和两次。

(2) 分析期法。根据对未来市场状况和技术发展前景的预测直接选取一个合适的分析期,假定寿命期短于此分析期的方案重复实施。在备选方案寿命期比较接近的情况下一般取最短的方案寿命期作为分析期。

【例 5-10】 试对表 5-12 中三项寿命不等的互斥投资方案作出取舍决策。基准收益率 $i_c=15\%$,各方案的现金流量如图 5-2 所示。

表 5-12　寿命不等互斥方案的现金流量表

方案	初始投资/万元	残值/万元	年度支出/万元	年度收入/万元	寿命/年
A	6000	0	1000	3000	3
B	7000	200	1000	4000	4
C	9000	300	1500	4500	6

【解】 用最小公倍数法按净现值法对方案进行评价,计算期为 12 年。

$$\begin{aligned}
\text{NPV}_A &= -6000-6000(P/F,15\%,3)-6000(P/F,15\%,6)\\
&= -6000(P/F,15\%,9)+(3000-1000)(P/A,15\%,12)\\
&= -3402.6(万元)\\
\text{NPV}_B &= -7000-7000(P/F,15\%,4)-7000(P/F,15\%,8)\\
&\quad +(4000-1000)(P/F,15\%,12)+200(P/F,15\%,4)\\
&\quad +200(P/F,15\%,8)+200(P/F,15\%,12)\\
&= 3189.22(万元)
\end{aligned}$$

$$NPV_C = -9000(P/F,15\%,6) - 9000 + (4500-1500) \times (P/A,15\%,12)$$
$$+ 300(P/F,15\%,6) + 300(P/F,15\%,12)$$
$$= 3558.6(万元)$$

由于 $NPV_C > NPV_B > NPV_A$,故选取 C 方案。

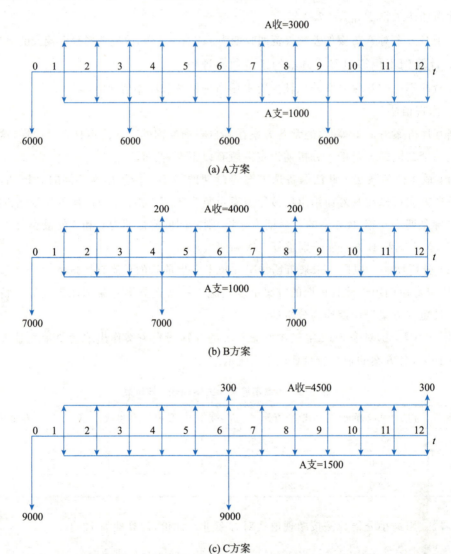

图 5-2 三个方案的现金流量图

2) 净年值法

在对寿命不等的互斥方案比选时,净年值法是最为简单的方法。净年值法以"年"为单位比较各方案的经济效果,从而使寿命不等的互斥方案具有可比性。

净年值法的判别准则为:$NAV \geq 0$,且该值最大的方案是最优可行方案。

【例 5-11】 对例 5-10 中的三个方案用净年值法进行评价。

【解】 参见图 5-3。

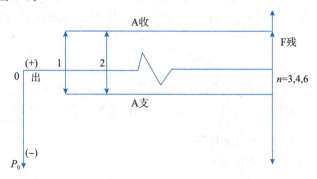

图 5-3 现金流量图

A 方案：

$$\begin{aligned}\mathrm{NAV_A} &= -6000(A/P,15\%,3)+3000-1000\\&=-6000\times 0.43789+3000-1000\\&=-627.34(万元)\end{aligned}$$

B 方案：

$$\begin{aligned}\mathrm{NAV_B} &= -700(A/P,15\%,4)+4000-1000+200(A/F,15\%,4)\\&=588.164(万元)\end{aligned}$$

C 方案：

$$\begin{aligned}\mathrm{NAV_C} &= -9000\times(A/P,15\%,6)+4500-1500+300(A/F,15\%,6)\\&=656.11(万元)\end{aligned}$$

由于 $\mathrm{NAV_C}>\mathrm{NAV_B}>\mathrm{NAV_A}$，故 C 方案最优，与净现值法结论一致。

对于仅知或仅需要计算现金流量的寿命不等的互斥方案，可以比照净现值法或净年值法用费用现值法或费用年值法进行比选。判别准则是：费用现值或费用年值最小的方案为优。

5.1.3 相关方案之间的经济效果评价

1. 相互依存型方案的评价

【例 5-12】 有 A、B、C、D 四个方案，各方案的现金流量见表 5-13，其中 A、B、C、D 互斥，D 方案采用与否取决于是否采用 C 方案，基准收益率为 8%，试决策。

表 5-13 各方案的现金流量表 单位：万元

方案	A	B	C	D
投资($t=0$)	−10	−13	−14	−15
投资($t=1\sim 4$)	3.8	4.5	4.6	5.0

【解】 由于 D、C 是相互依存型方案,可以将它们合并为方案组 CD,方案组的总投资为 29 万元,年收入是 9.6 万元。这样就可将问题转化为在 A、B、C、D 四个方案中选择最优方案。

计算净现值:

$$NPV_A = 2.5856 \text{ 万元} \qquad NPV_B = 1.904 \text{ 万元}$$
$$NPV_C = 1.2352 \text{ 万元} \qquad NPV_D = 2.7952 \text{ 万元}$$

根据净现值最大原则,应当选择方案组 D。

2. 现金流量相关型方案的评价

【例 5-13】 国家拟在中部地区和西部地区之间修建一条铁路或一条公路,也可能两个项目都立项。经过测算,只上一个项目和两个项目都上时的现金流量见表 5-14。当基准收益率为 10% 时,应如何决策?

表 5-14 各方案的现金流量表　　　　　　　　　　　　单位:万元

方案年份/年	0	1	2	3～32
铁路	−200	−200	−200	100
公路	−100	−100	−100	60
铁路+公路	−300	−300	−300	115

【解】 铁路项目和公路项目都立项修建的话,由于货运分流的原因,两个项目的收益都将减少。实际上,两个项目的现金流量相关。可将两个相关方案组合成三个互斥方案,评价时即对三个互斥方案进行比选。

$$NPV_{铁路} = -200 - 200(P/A, 10\%, 2) + 100(P/A, 10\%, 30)(P/F, 10\%, 2)$$
$$= 281.65 (万元)$$
$$NPV_{公路} = -100 - 100(P/A, 10\%, 2) + 60(P/A, 10\%, 30)(P/F, 10\%, 2)$$
$$= 218.73 (万元)$$
$$NPV_{铁路+公路} = -300 - 300(P/A, 10\%, 2) + 115(P/A, 10\%, 30)(P/F, 10\%, 2)$$
$$= 149.80 (万元)$$

根据净现值最大的评价标准,仅修建一条铁路为最佳方案。

5.2 不确定性分析

5.2.1 盈亏平衡分析

对工程项目进行经济分析和评价,除了对已建成项目的事后评价外,绝大多数是对新建、扩建、改建项目的评价。这些新建、扩建、改建项目经济评价所用的基础数据,如投资、成本、产量、售价等经济要素的取值,都来自预测或估算。尽管可以使用各种方法对诸经济要素进行有效的预测或估算。但其预测值或估算值都不可能与将来的实际情况完全相符。也就是说,这些经济要素是变化的,是不确定的。这里所讲的不确定性,一是指影响方案经济效果的各种经济要素(如各种价格、销售量)的未来变化带有不确定性,科学技术的进步和经济、政治形势的变化都会使生产成本、销售价格、销售量等发生变化;二是指测算方案各种经济要素的取值(如投资额、产量)由于缺乏足够的准确信息或测算方法上的误差,使得方案经济效果评价指标值带有不确定性。

产生不确定性的原因很多,大致可概括为以下几个方面:国家政策和法规、政治和经济形势的变化;生产工艺和技术装备的发展和变化;通货膨胀和物价的变化;产品市场供求结构的变化;建设条件和生产条件的变化;项目数据的预测、估计、统计的误差。

不确定性分析通常是在对投资方案进行了财务评价和国民经济评价的基础上进行的,旨在用一定的方法考察不确定性因素对方案实施效果的影响程度,分析项目运行风险,以完善投资方案的评价结论,提高投资决策的可靠性和科学性。

所谓不确定性分析,就是分析项目在经济运行中存在的不确定性因素对项目经济效果的影响,预测项目承担和抗御风险的能力,考察项目在经济上的可靠性,以避免项目实施后造成不必要的损失。

盈亏平衡分析的要点如下。

不确定性因素的变化影响投资方案的经济效果,当这些因素的变化达到某一临界值时,可能致使原来盈利的项目变为亏损项目,并导致项目比选的结果发生质的变化。盈亏平衡分析的目的就是找出这种由盈利到亏损、由优到劣的临界点,据此判断投资方案对不确定性因素变化的承受能力,为投资决策提供科学依据。

盈亏平衡分析是指项目达到设计生产能力的条件下,通过计算盈亏平衡点,分析项目成本与收益的平衡关系,判断项目对产出品数量变化的适应能力和抗风险能力。

盈亏平衡点(Break-Even-Point,BEP)是项目的盈利与亏损的转折点,即在这一点上,销售(营业、服务)收入等于总成本费用,正好盈亏平衡,用以考察项目对产出品变化的适应能力和抗风险能力。通常用产量表示,也可以用产品单价、成本、销售收入、生产能力利用率等来表示。盈亏平衡点越低,表明项目适应产出品变化的能力越大,抗风险能力越强。

1) 盈亏平衡分析的基本假定

盈亏平衡分析分为线性盈亏平衡分析和非线性盈亏平衡分析,项目评价中仅进行线性盈亏平衡分析。线性盈亏平衡分析有以下四个假定条件。

(1) 产量等于销售量,即当年生产的产品(服务,下同)当年销售出去。

(2) 产量变化,单位可变成本不变,从而总成本费用是产量的线性函数。

(3) 产量变化,产品售价不变,从而销售收入是销售量的线性函数。

(4) 按单一产品计算,当生产多种产品,应换算为单一产品,不同产品的生产负荷率的变化应保持一致。

2) 盈亏平衡点的计算

盈亏平衡点通过正常年份的产量或者销售量、可变成本、固定成本、产品价格和销售税金及附加等数据计算。可变成本主要包括原材料、燃料、动力消耗、包装费和计件工资等。固定成本主要包括工资(计件工资除外)、折旧费、无形资产及其他资产摊销费、修理费和其他费用等。为简化计算,财务费用一般也将其作为固定成本,正常年份应将还款期间的第一个达产年和还款后的年份分别计算,以便分别给出最高和最低的盈亏平衡点区间范围。

盈亏平衡点的表达形式有多种,项目评价中最常用的是以产量和生产能力利用率表示的盈亏平衡点。盈亏平衡点一般采用公式计算,也可利用盈亏平衡图求取。

根据盈亏平衡分析的原理和假定,可得下列关系式:

$$S = (p-t) \cdot Q$$
$$C = F + V = F + v \cdot Q$$
$$P = S - C \tag{5-2}$$

式中：S——年销售收入；
Q——年产销量；
p——单位产品销售价格(单价)；
t——单位产品销售税金及附加；
C——年总成本费用；
F——年固定成本；
V——年可变成本；
v——单位产品可变成本；
P——年利润。

(1) 以产量(Q_B)表示的盈亏平衡点：

$$Q_B = \frac{F}{p-v-t} \tag{5-3}$$

(2) 以销售收入(S_B)表示的盈亏平衡点：

$$S_B = p \cdot Q_B = p \times \frac{F}{p-v-t} \times 100\% \tag{5-4}$$

(3) 以产能利用率(R_B)表示的盈亏平衡点：

$$R_B = \frac{Q_B}{Q_X} \times 100\% = \frac{F}{S-V-T} \times 100\% \tag{5-5}$$

式中：Q_B——正常生产年份设计生产能力；
T——年销售税金及附加。

(4) 以单位产品价格(p_B)表示的盈亏平衡点：

$$p_B = \frac{F}{Q_X} + v + t \tag{5-6}$$

3）盈亏平衡分析图

在盈亏平衡分析的基本假设条件下，销售收入函数和成本函数均为线性关系，可用图 5-4 表示。

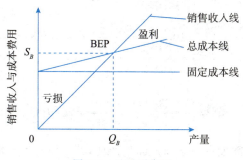

图 5-4　盈亏平衡图

根据图 5-4 可以看出：销售收入线与总成本线有一个交点，这个交点就是盈亏平衡点（BEP）。这两条直线所夹的范围分为两个区，交点左边总成本线高于销售收入线，为亏损区；交点右边销售收入线高于总成本线，为盈利区。交点所对应的产量 Q_B，就称为盈亏平衡点产销量或本产销量。也就是说，产销量水平高于 Q_B 时，项目是盈利的；当产销量水平低于 Q_B 时，项目是亏损的。交点越低，亏损区就越小，项目盈利的机会就越大，亏损的风险就越小。

4）盈亏平衡分析与经营风险的衡量

盈亏平衡分析给出了项目的盈亏区域界限，只有在盈利区内项目才可行。但是，项目在实施过程中会受到很多不确定性因素的影响，可能会超越盈亏分界线，进入亏损区。因此，生产经营状况离盈亏平衡点越远，项目的经营安全性就越大，抗风险能力越强。为此，引入经营安全度这一指标，来反映项目抗风险能力的大小。

$$A = \frac{Q - Q_B}{Q} \times 100\% = \frac{S - S_B}{S} \times 100\% \tag{5-7}$$

式中：A——经营安全度。

A 越大，表明经营的安全性越大，抗风险能力越强。

5）盈亏平衡分析的应用

【例 5-14】　某项目的设计年产量为 30 万件产品，每件售价 10 元，单位产品可变成本为 8 元，年固定成本为 40 万元，不计销售税。试分别用产量、销售收入、生产能力利用率、产品价格表示盈亏平衡点，并计算销售收入为 320 万元时的经营安全度及目标利润为 100 万元时的产量。

【解】

$$Q_B = \frac{F}{p-v} = \frac{400000}{10-8} = 200000（件）$$

$$S_B = p \times \frac{F}{p-v} = 10 \times \frac{400000}{10-8} = 2000000（件）$$

$$R_B = \frac{Q_B}{Q_X} \times 100\% = \frac{200000}{300000} \times 100\% = 66.7$$

$$p_B = \frac{F}{Q_X} + v = \frac{400000}{300000} + 8 = 9.33(元/件)$$

$$A = \frac{S - S_B}{S_B} \times 100\% = \frac{320 - 300}{320} \times 100\% = 37.5\%$$

当 $P = 100$ 万元时，

$$Q = \frac{F + P}{p - v} = \frac{40 + 100}{10 - 8} = 70(万件)$$

【例 5-15】 某企业欲投资一条新产品生产线，其年设计生产能力为 40000 台，该产品售价为 500 元，固定费用 800 万元，总变动费用 1000 万元，试确定盈亏平衡点产量及盈亏平衡价格，并判断项目的经营状况。

【解】

单位变动成本 $CV = 10000000/40000 = 250(元/台)$

盈亏平衡点产量 $BEP(Q) = CF/(P - CV) = 8000000/(500 - 250) = 32000(台)$

项目盈亏平衡生产能力利用率 $BEP(f) = BEP(Q)/Q_0 \times 100\%$
$= 32000/40000 \times 100\% = 80\%$

项目盈亏平衡价格 $P^* = TR/Q_0 = TC/Q_0 = CV + CF/Q_0 = 250 + 8000000/40000$
$= 450(元/台)$

经营安全率 $BEP(S) = 1 - BEP(f) = 20\%$

因此，通过计算可知，若未来产品销售价格及生产成本与预期值相同，项目不发生亏损的条件是年销售量不低于 32000 件。若生产成本与预期值相同，按设计生产能力进行生产，不亏损的销售价格最少为 450 元/台。经营安全率低于 30%，项目经营不安全。

5.2.2 敏感性分析

1. 方案敏感性分析

1）敏感性分析的概念

敏感性分析是不确定性分析常用的方法之一，是投资建设项目经济评价中应用十分广泛的一种技术。它通过分析及预测项目涉及的各种不确定因素（如投资、成本、销售量、价格等）的变化对项目经济评价指标（如净现值、内部收益率、投资回收期等）的影响，找出敏感因素，并确定其影响程度，预测项目可能承担的风险，为进一步进行风险分析打下基础。

2）敏感性分析的目的

（1）确定影响项目经济效益的敏感因素，分析与敏感因素有关的预测数据。采取有效措施,防患于未然。

(2) 对各不确定性因素的敏感度进行排序,对敏感度大的因素,重点监控和防范,即找出防范风险的重点。

(3) 对各种方案的敏感度进行分析对比,选择敏感度小,即风险小的方案进行投资。

(4) 找出不确定性因素可能出现的最有利与最不利的变动,分析项目经济效益指标的变动范围,使投资决策者了解项目的风险程度,以采取有效控制措施或寻找替代方案,为最后确定有效可行的投资方案提供可靠的依据。

3) 敏感性分析的分类

敏感性分析分为单因素敏感性分析和多因素敏感性分析。单因素敏感性分析是指进行敏感性分析时,假定只有一个因素是变化的,其他因素保持不变,分析这个因素变化对经济评价指标的影响。多因素敏感性分析是指在同时有两个或两个以上的因素发生变化时,分析这些因素的变化对经济评价指标产生的影响。

为了找出关键的敏感性因素,通常多进行单因素敏感性分析。单因素敏感性分析是敏感性分析的基本方法。

4) 敏感性分析步骤与方法

(1) 确定敏感性分析指标。其是确定敏感性分析的具体对象,即项目经济评价指标。建设项目经济评价有一整套指标体系,敏感性分析可选定其中一个或几个主要指标进行分析,最基本的分析指标是内部收益率,根据项目的实际情况也可选择净现值或投资回收期评价指标,必要时可同时针对两个或两个以上的指标进行敏感性分析。

(2) 选择不确定性因素。根据项目特点,结合经验判断选择对项目效益影响较大且重要的不确定因素进行分析。经验表明,主要对产出物价格、建设投资、主要投入物价格或可变成本、生产负荷、建设工期及汇率等不确定因素进行敏感性分析。

(3) 确定不确定性因素的变动范围或幅度。敏感性分析一般是选择不确定因素变化的百分率为±5%、±10%、±15%、±20%等;对于不便用百分数表示的因素,例如建设工期,可采用延长一段时间表示,如延长一年。

(4) 计算敏感度系数,确定敏感因素。即计算每个不确定因素的变动对评价指标影响的敏感程度。敏感度系数是指项目评价指标变化百分率与不确定因素变化的百分率之比。敏感度系数高,表示项目效益对该不确定因素敏感程度高。计算公式为

$$S_{AF} = \frac{\Delta A/A}{\Delta F/F} \tag{5-8}$$

式中:S_{AF}——评价指标 A 对于不确定因素 F 的敏感系数;

$\Delta F/F$——不确定因素 F 的变化率;

$\Delta A/A$——不确定因素 F 发生 ΔF 变化率时,评价指标 A 的相应变化率。

$S_{AF}>0$ 表示评价指标与不确定因素同方向变化;$S_{AF}<0$,表示评价指标与不确定因素反方向变化。$|S_{AF}|$较大者敏感度系数高,反之,敏感度系数低。

(5) 确定临界点(转换值)。临界点是指不确定性因素的变化使项目由可行变为不可行的临界数值,可采用不确定性因素相对基本方案的变化率或其对应的具体数值表示。

当该不确定因素为费用科目时,即为其增加的百分率;当其为效益科目时,即为其降低的百分率。临界点也可用该百分率对应的具体数值表示。当不确定因素的变化超过了临界点所表示的不确定因素的极限变化时,项目将由可行变为不可行。

临界点的高低与计算临界点的指标的初始值有关。若选取基准收益率为计算临界点的指标,对于同一个项目,随着设定基准收益率的提高,临界点会变低(即临界点表示的不确定因素的极限变化变小);而在一定的基准收益率下,临界点越低,说明该因素对项目评价指标影响越大,项目对该因素就越敏感。

临界点计算一般使用试插法。当然,也可用计算机软件的函数或图解法求得。由于项目评价指标的变化与不确定因素变化之间不是直线关系,当通过敏感性分析图求得临界点的近似值时,有时有一定误差。

(6) 敏感性分析结果在项目决策分析中的应用。将敏感性分析的结果进行汇总,编制敏感性分析表,见表 5-15;编制敏感度系数与临界点分析表,见表 5-16;绘制敏感性分析图,如图 5-5 所示;并对分析结果进行文字说明,将不确定因素变化后计算的经济评价指标与基本方案评价指标进行对比分析,结合敏感度系数及临界点的计算结果,按不确定性因素的敏感程度进行排序,找出最敏感的因素,分析敏感因素可能造成的风险,并提出应对措施。当不确定因素的敏感度很高时,应进一步通过风险分析,判断其发生的可能性及对项目的影响程度。

表 5-15 敏感性分析表

变化因素	变化率					
	−30%	−20%	0	10%	20%	30%
基准折现率						
建设投资						
原材料成本						
汇率						

表 5-16 敏感度系数与临界点分析表

序号	不确定因素	变化率/%	内部收益率	敏感度系数	临界点/%	临界值
1	产品产量(生产负荷)					
2	产品价格					
3	主要原材料价格					
4	建设投资					
5	汇率					
…	……					

【例 5-16】 设建设项目基本方案的基本数据估算值见表 5-17,试就年销售收入、年经营成本和建设投资对内部收益率进行单因素敏感性分析(基准收益率为 8%)。

表 5-17　基本方案基本数据估算表　　　　　　　　　　单位：万元

因素	建设投资	年销售收入	年经营成本	期末残值	寿命/年
估算值	1500	600	250	200	6

【解】

（1）计算基本方案的内部收益率 IRR：

$$-1500(1+\text{IRR})^{-1}+350\sum_{t=2}^{5}(1+\text{IRR})^{-t}+550(1+\text{IRR})^{-6}=0$$

采用试算法得

$$\text{NPV}(i=8\%)=31.08>0, \text{NPV}(i=9\%)=-7.92<0$$

采用线性内插法可求得

$$\text{IRR}=8\%+\frac{31.08}{31.08+7.92}(9\%-8\%)=8.79\%$$

（2）计算年销售收入、年经营成本和年建设投资变化对 IRR 的影响（见表 5-18），绘制敏感性分析图如图 5-5 所示。

表 5-18　因素变化对内部收益率的影响　　　　　　　　　单位：万元

不确定因素	内部收益率/%				
	变化率为 −10%	变化率为 −5%	变化率为 0	变化率为 +5%	变化率为 +10%
年销售收入	3.01	5.94	8.79	11.58	14.30
年经营成本	11.12	9.96	8.79	4.61	6.42
年建设投资	12.7	10.67	8.79	7.06	5.45

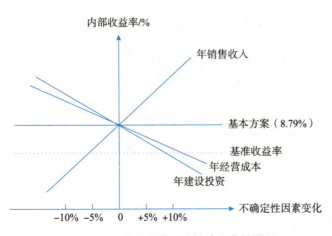

图 5-5　基本方案单因素敏感性分析图

(3) 计算基本方案对各因素的敏感系数：

$$年销售收入平均敏感度 = \frac{14.30\% - 3.01\%}{20\%} = 0.56$$

$$年经营成本平均敏感度 = \frac{|6.42\% - 11.12\%|}{20\%} = 0.24$$

$$年建设投资平均敏感度 = \frac{|5.45\% - 12.70\%|}{20\%} = 0.36$$

根据敏感度系数计算结果可知，按内部收益率对各个因素的敏感程度来排序，依次是年销售收入、年建设投资、年经营成本。这一结论也可从图5-5中观察而得。

案例分析

投资方案比选训练

项目 6 设备工程经济分析

某设备目前实际价值为 30000 元,设备各年使用费及残值见表 6-1,假设利率为 6%。

表 6-1 设备各年使用费及残值表

使用年限/年	1	2	3	4	5	6	7
使用费用/元	17000	14000	11500	9000	7000	6000	5000
年末残值/元	1000	1000	1000	1875	3750	7500	15000

思考:

1. 该设备在动态模式下的经济寿命。
2. 若出现一种新设备,新设备的价值为 10000 元,每年的使用费用为 8000 元,新设备的寿命为 10 年,无残值,利率不变。该企业对现有设备是否应进行更新?什么时候更新最好?

6.1 设备磨损

6.1.1 设备磨损分类

随着新工艺、新技术、新机具、新材料的不断涌现,企业生产运营全面实现了机械化,机械设备已经成了现代提高企业生产效率的重要工具。设备在使用或者闲置的过程中均会发生不同形式的磨损,磨损的产生会影响设备的使用寿命,降低设备的生产效率,严重的会使机械设备丧失使用价值,当磨损达到一定程度,就面临着设备的更新。

设备磨损分为有形磨损和无形磨损两种形式。

1. 设备的有形磨损

1) 有形磨损的概念和成因

有形磨损又称物质磨损,是指机器设备在使用或闲置过程中发生的实体的磨损或损失。有形磨损主要表现为物理性能、几何形状、技术属性等方面的改变。引起设备有形磨损的主要原因有以下两个。

(1) 生产过程中的使用。运转中的机器设备在外力的作用下,其零部件会发生摩擦、振动和疲劳现象,以致机器设备的实体产生磨损,它与设备的使用强度及时间有关,通常表现为零部件原始尺寸的改变、形状的改变、精度的降低及零件的损坏。

(2) 自然力的作用。例如,机器设备即使在没有使用的情况下也会发生金属件生锈、腐蚀、橡胶老化等。因此,设备闲置的时间长了就会自然丧失其加工精度和工作能力,失去其使用价值。

2) 设备有形磨损的度量

设备的磨损程度是衡量使用设备经济性的基础。可以用经济指标对设备的有形磨损加以度量,其计算公式可以表示为

$$\alpha_P = \frac{\sum_{i=1}^{n} \alpha_i K_i}{\sum_{i=1}^{n} K_i} \tag{6-1}$$

式中:α_P——设备的有形磨损程度;
n——磨损零件总数;
α_i——设备中 i 零件的磨损程度;
K_i——i 零件的价值。

设备有形磨损也可以直接从经济角度考察,如用修理费用和设备的重置价值之比来表示:

$$\alpha_P = \frac{R}{K_t} \tag{6-2}$$

式中:α_P——设备的有形磨损程度;
R——修复全部磨损零件所用的修理费用;
K_t——在修复时具有同等效率的该种设备的再生产价值。

此处 t 表示时间,是考虑修理费用与重置价值必须在同一时间点方能进行比较。从经济的角度分析,设备的有形磨损程度指标不能超过 $\alpha_P = 1$ 的极限值。

2. 设备的无形磨损

机器设备除受有形磨损外,还受到无形磨损,也称为精神磨损或经济磨损。无形磨损不是生产过程中的使用或自然力的作用造成的,所以它不表现为设备实体的变化,而表现为原始价值的贬值。

1) 无形磨损的概念及成因

设备的无形磨损是指由于科学技术进步而不断出现性能更完善、生产效率更高的设备,使原有设备的价值降低,或者生产同样结构的设备的成本不断降低。引起设备的无形磨损的主要原因有以下两个。

(1) 由于劳动生产率不断提高,生产同种机器设备所需的社会必要劳动减少了,从而造成原来购买的设备相应贬值。这时设备的技术结构和经济性能并未改变,即使用价值并未发生变化,故而不会直接影响现有设备的使用,也不会产生提前更换设备的问题。

(2) 由于技术进步,社会上出现了结构更先进、技术更完善、生产效率更高、耗费原材料和能源更少的新型设备,而使原有机器设备在技术上显得陈旧落后。这不仅会使原有设备的价值降低,而且会使原有设备局部或全部丧失其使用价值。此时尽管原有设备尚可使用,但其生产效率已大大低于社会平均生产效率,继续使用必然使其生产成本高于社会平均成本。显然,这种情况下使用新设备比使用旧设备更为经济合算,产生了更换设备的可能性,但更换设备的经济合理性,取决于现有设备贬值的程度和在生产中继续使用旧设备的生产效率下降幅度。

2) 设备无形磨损的度量

设备的无形磨损可以用以下方法加以度量。

(1) 在技术进步的影响下,用设备价值降低系数来衡量它的无形磨损的程度,其计算公式可以表示为

$$\alpha_1 = \frac{k_0 - k_1}{k_0} = 1 - \frac{k_1}{k_0} \tag{6-3}$$

式中:α_1——设备无形磨损的程度;

k_0——设备的原始价值;

k_1——等效设备无形磨损时设备的再生产价值。

在计算设备的无形磨损程度时。k_1 必须既考虑技术进步使生产同样设备的效率提高而导致的设备的贬值,也要考虑由于具有更高性能和更高效率的新设备出现而使现有设备的价值的降低。所以 k_1 的计算公式可以表示为

$$k_1 = k_n \left(\frac{q_0 - k_1}{k_0} \right)^\alpha \left(\frac{c_n}{c_0} \right)^\beta \tag{6-4}$$

式中:k_n——新设备的价值;

q_0——旧设备、新设备的年生产率;

c_0、c_n——使用旧设备、新设备的单位产品消耗;

α、β——劳动生产率提高指数和单位成本降低指数,$0<\alpha<1,0<\beta<1$,其值可根据具体设备的实际数据确定。

(2) 设备的无形磨损程度,还可以用下式分别计算,即分别研究设备的第Ⅰ类无形磨损的程度和第Ⅱ类无形磨损的程度。其计算公式可以表示为

$$\alpha_{\text{Ⅱ}1} = 1 - \frac{k_{01}}{k_0} \tag{6-5}$$

$$\alpha_{\text{Ⅱ}2} = \frac{c_0 - c_n}{c_0} = 1 - \frac{c_n}{c_0} \tag{6-6}$$

式中:$\alpha_{\text{Ⅱ}1}$、$\alpha_{\text{Ⅱ}2}$——第Ⅰ类、第Ⅱ类无形磨损程度;

k_{01}——考虑到第Ⅰ类无形磨损的设备再生产价值;

c_0、c_n——使用原有设备或新设备生产产品的单位成本。

设备的磨损具有综合性,即在其使用期内既有有形磨损,又有无形磨损。两种磨损虽

然发生程度不同,但这两种磨损都会引起设备的贬值。有形磨损严重的设备,往往不能工作,而无形磨损很严重的设备,依然可以使用,只不过是在经济上可能已经很不合算了。因此,对于设备综合磨损后的补偿形式应该进行更深入的研究,以确定适当的补偿方式。有了设备的有形磨损和无形磨损的衡量指标以后,就可以计算两种磨损同时发生的综合磨损程度,其计算公式可以表示为

$$\alpha = 1 - (1-\alpha_P)(1-\alpha_1) \tag{6-7}$$

式中:$(1-\alpha_P)$——设备有形磨损后的残余价值占原有价值的比率;

$(1-\alpha_1)$——设备无形磨损后的残余价值占原始价值的比率;

$(1-\alpha_P)(1-\alpha_1)$——设备综合磨损后的残余价值占原始价值的比率;

α——设备综合磨损程度。

任何时候设备在两种磨损作用下的残余价值 K 的计算公式可以表示为

$$\begin{aligned}
K &= (1-\alpha)K_0 \\
&= [1-1+(1-\alpha_P)(1-\alpha_1)]K_0 \\
&= \left(1-\frac{R}{K_1}\right)\left(1-\frac{K_0-K_1}{K_0}\right)K_0 \\
&= K_1 - R
\end{aligned} \tag{6-8}$$

由此可见,残余价值 K 等于设备再生产价值 K_1 减去修理费用 R。

3. 设备磨损的补偿

设备受到磨损后需要进行补偿才能恢复设备正常的生产能力。磨损形式不同,补偿方式也不同。在工程项目的生产经营期内,要维持生产经营的正常进行,就必须对设备的磨损进行补偿。设备补偿方式主要有修理、更换、更新和现代化改装四种形式。设备有形磨损的局部补偿方式为修理和更换零部件,以恢复设备的功能和效率。设备无形磨损的局部补偿方式为现代化改装。设备有形和无形磨损的完全补偿方式是更新。设备磨损形式与其对应的补偿方式的相互关系如图 6-1 所示。设备的修理一般是指大修理,主要是通过更换零部件的方式使设备恢复生产效率;设备现代化改装是对设备的结构进行适当的改进和技术上的革新,以提高设备的生产效率和增加设备的使用功能;更新是对整个设备进行更换。

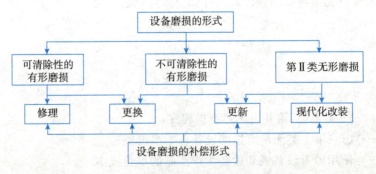

图 6-1 设备磨损形式与其对应的补偿形式

6.1.2 设备的寿命分类

1. 自然寿命

自然寿命又称物理寿命或物质寿命,它是从设备投产使用起由于物质磨损,使设备老化、损坏,直至报废为止所经历的时间长度。自然寿命主要取决于有形磨损。注重设备的日常维护和保养可以延长设备的自然寿命,但不能从根本上避免设备的磨损。设备磨损到一定程度必然要进行设备的更新。因为设备使用时间越长,设备的维护和维修费用也不断增加。如果继续使用该设备,则其经济性就消失殆尽。

2. 经济寿命

经济寿命是指根据设备使用费用所确定的设备寿命。在设备的全生命周期过程中,设备使用费用主要是由运行费、维修费组成。前期设备运行费、维修费低,后期设备运行费、维修费高。从设备的年费用成本角度考虑,设备使用时间过短,则年均设备购置费就高,即使年均运行费、维修费较低,年度费用仍旧很高;若使用时间过长,则年均运行费、维修费很高,即使年平均设备购置费用较低,年度费用也会很高。因此,设备使用时间过长或过短经济性都不好。设备从开始使用起,必然存在一个均摊的年度费用最低的合理的时间段,这个合理的时间段即为设备的经济寿命。

经济寿命既考虑了有形磨损,又考虑了无形磨损,它是确定设备更新期的一个依据。一般情况下,设备的经济寿命短于自然寿命。

3. 折旧寿命

设备折旧寿命也称设备的折旧年限,是指设备从开始投入使用到通过提满折旧为止的时间。一般情况下,设备的折旧寿命及折旧的计提方法及原则由我国的财务通则或财务制度及相关法规规定。

4. 技术寿命

技术寿命是指设备从投产起,由于新技术的出现,使原有设备在物理寿命尚未结束前就丧失其使用价值而被淘汰所经历的时间。它是从技术的角度看设备最合理的使用期限,并由设备的无形磨损来决定。科学进步速度越快,技术寿命越短。

6.1.3 设备的经济寿命

对于设备经济寿命,我们可以从资金的静态情况和动态情况两个角度进行考查。

1. 静态模式下设备的经济寿命

静态模式下设备的经济寿命的计算,是在不考虑资金的时间价值的情况下,计算设备年平均使用成本 $\overline{C}_N$,使 $\overline{C}_N$ 为最小的 N_0 就是设备的经济寿命。静态模式下设备的经济寿命的计算公式为

$$\overline{C}_N = \frac{P - L_N}{N} + \frac{1}{N} \sum_{t=1}^{N} C_t \qquad (6-9)$$

式中：$\overline{C}_N$——设备的年平均使用成本；

P——设备的原值；

C_t——第 t 年的设备运行成本；

L_N——设备第 N 年末的净残值；

$\dfrac{P-L_N}{N}$——设备的年平均资产消耗成本；

$\dfrac{1}{N}\sum_{t=1}^{N}C_t$——设备的年平均运行成本。

【例 6-1】 某新机器的原始价值为 30000 元，有关统计资料见表 6-2。求机器的经济寿命。

表 6-2 设备经济数据 1　　　　　　　　　　　　　　单位：元

设备使用年限/年	1	2	3	4	5	6	7
设备年运行成本/元	5000	6000	7000	9000	11500	14000	17000
年末残值/元	15000	7500	3750	1875	1000	1000	1000

【解】 由上述表格的统计资料可知，设备在不同使用年限时的年平均成本见表 6-3。由计算结果可以看出，该设备在使用 5 年时，其平均使用成本 13500 元为最低。因此，该设备的经济寿命为 5 年。

表 6-3 设备在不同使用年限时的静态年平均成本　　　　　　　　单位：元

使用年限 N	资产消耗成本 $P-L_N$	平均年资产消耗成本 (3)=(2)÷(1)	年度运行成本 C_t	运行成本累计 $\sum C_t$	年平均运行成本 (6)=(5)÷(1)	年平均使用成本 (7)=(3)+(6)
(1)	(2)	(3)	(4)	(5)	(6)	(7)
1	15000	15000	5000	5000	5000	20000
2	22500	11250	6000	11000	5500	16750
3	26250	8750	7000	18000	6000	14750
4	28125	7031	9000	27000	6750	13781
5	29000	5800	11500	38500	7700	13500
6	29000	4833	14000	52500	8750	13583
7	29000	4143	17000	69500	9929	14072

设备使用时间越长，设备的有形磨损和无形磨损越加剧，从而导致设备的维护修理费用越增加，这种逐年递增的费用 ΔC_t 称为设备的低劣化值。用低劣化值表示设备损耗的方法称为低劣化值法。假设每年设备的低劣化增量是均等的，即 $\Delta C_t=\lambda$，则每年低劣化呈线性增长。若设备评价基准年的运行成本为 C_1，那么平均每年的设备使用成本 $\overline{C}_N$ 可用下式表示：

$$\overline{C}_N = \frac{P-L_N}{N} + \frac{1}{N}\sum_{t=1}^{N} C_t$$

$$= \frac{P-L_N}{N} + C_1 + \frac{1}{N}[\lambda + 2\lambda + 3\lambda + \cdots + (N-1)\lambda]$$

$$= \frac{P-L_N}{N} + C_1 + \frac{1}{2N}[N(N-1)\lambda]$$

$$= \frac{P-L_N}{N} + C_1 + \frac{1}{2}[(N-1)\lambda] \tag{6-10}$$

设备的经济寿命是其年均费用最小的年数,应求年均费用最小值。令 $\frac{d\overline{C}_N}{dN}=0$,则设备的经济寿命的计算公式为

$$N_0 = \sqrt{\frac{2(P-L_N)}{\lambda}} \tag{6-11}$$

式中:N_0——设备的经济寿命。

【例 6-2】 某机器的原始价值为 40000 元,设备的净残值为 800 元,在不考虑资金时间价值的情况下,假设运营成本初值为 N_1,年运行成本每年增长 1600 元,计算机器的经济寿命。

【解】 根据式(6-11)得

$$N_0 = \sqrt{\frac{2(P-L_N)}{\lambda}} = \sqrt{\frac{2(40000-800)}{1600}} = 7(年)$$

即设备的经济寿命为 7 年。

2. 动态模式下设备的经济寿命

在项目分析与评价中,通常要考虑资金的时间价值,即动态模式下的设备经济寿命的计算要计算设备的净年值 NAV 或年成本 AC,通过比较动态模式下的年平均效益或年平均费用来确定设备的经济寿命。

$$NAV(N) = \sum_{t=0}^{N} (CI-CO)_t (P/F, i_c, t)(A/P, i_c, N)$$

$$AC(N) = \sum_{t=0}^{N} CO_t (P/F, i_c, t)(A/P, i_c, N)$$

$$AC_{min} = P(A/P, i_c, N) - L_{N_0}(A/F, i_c, N_0) + \sum_{t=0}^{N_0} C_t (P/F, i_c, t)(A/P, i_c, N_0)$$

$$AC_{min} = (P-L_{N_0})(A/P, i_c, N_0) + L_{N_0} i_c + \sum_{t=0}^{N_0} C_t (P/F, i_c, t)(A/P, i_c, N_0)$$

或

$$AC(N) = \sum_{t=0}^{N} CO_t (P/F, i_c, t)(A/P, i_c, N) \tag{6-12}$$

在上式中,如果使用年限 N 为变量,则当 $N_0 (0 < N_0 < N)$ 为经济寿命时,应满足:

$$NAV(N_0) \to (\max)$$
$$AC(N_0) \to (\min)$$

如果目前设备实际价值为 P,使用年限为 N 年,设备第 N 年净残值为 L_N,第 t 年的运行成本为 C_t,基准折现率为 i_c,其经济寿命为年成本 AC 最小时对应的 N_0,即:

$$AC_{\min} = P(A/P, i_c, N) - L_{N_0}(A/F, i_c, N_0) + \sum_{t=0}^{N} C_t (P/F, i_c, t)(A/P, i_c, N_0)$$

或

$$AC_{\min} = (P - L_{N_0})(A/P, i_c, N_0) + L_{N_0} i_c + \sum_{t=0}^{N_0} C_t (P/F, i_c, t)(A/P, i_c, N_0)$$

$$\tag{6-13}$$

【**例 6-3**】 若基准收益率为 6%,计算例 2-16 中设备的经济寿命。

【**解**】 计算设备不同使用年限的年成本 AC(见表 6-4)。可以看出,第 6 年的年成本最小,为 14405.2 元,因此,该设备的经济寿命为 6 年。

表 6-4 设备在不同使用年限时的动态年平均成本 单位:元

N	$P - L_N$	A/P, 6%,t	$L_N \times 6\%$	(2)×(3)+(4)	C_t	P/F, 6%,t	$\sum$(6)×(7)×(3)	AC=(5)+(8)
(1)	(2)	(3)	(4)	(5)	(6)	(7)	(8)	(9)
1	15000	1.0600	900	16800.0	5000	0.9434	5000.0	21800.0
2	22500	0.5454	450	12721.5	6000	0.8900	5485.1	18206.6
3	26250	0.3741	225	10045.1	7000	0.8396	5961.0	16006.1
4	28125	0.2886	112.5	8229.4	9000	0.7921	6656.0	14885.4
5	29000	0.2374	60	6944.6	11500	0.7473	7515.0	14460.0
6	29000	0.2034	60	5958.6	14000	0.7050	8446.6	14405.2
7	29000	0.1791	60	5253.9	17000	0.6651	9462.5	14716.4

在实际工作中,一定要遵循资金时间价值计算的原理,对设备的年度平均总费用进行计算。上述的计算原理实际是将不同时期的费用流折算为年金,即设备的年均费用,年均费用最低的年份即为设备的经济寿命。

6.2 设备工程经济分析

6.2.1 设备大修的经济分析

1. 设备修理的概念

设备是由各种材质的零件组成的,不同部位的零件功能不同,工作条件也不同,在设备使用过程中,各个零件遭受有形磨损的程度也不相同。为了使设备保持良好的工作状态,就要定期地对设备的某些老化的零部件进行更换或者修理。设备修理就是为了保持设备在平均寿命期限内具有良好的使用状态而进行的局部零部件的更换或修复。其作用就是为了保持设备在寿命期内发挥正常的效用,消除设备运行过程中受到的有形磨损和遇到的各种故障。

设备的修理从经济方面来讲主要划分为大修、中修、小修。这些区分是相对某一个设备,主要是作为区分设备工作量和工作内容的标志。设备的大修主要是利用设备中占绝大多数的正常的零部件,正常的零部件越多,修理工作就越经济。不过,这种经济性也是相对的。如果设备经常性地需要修理,那么被保留下来的正常的零部件越来越少,这就会导致修理的成本越来越高,设备修理的经济型就不复存在了。与此同时,设备经过大修后按照技术标准要达到出厂水平,但是实际上经过大修的机械设备不论从生产效率、精确度等方面,还是在使用过程中出现故障的频率、有效运行时间等方面,都低于同时期新型设备。同时,经过大修理过后的设备再次需要大修的时间也会缩短。使得大修后的设备的经济合理性逐渐降低。因此,在进行设备大修决策时,同时也要考虑到该设备的更新方案和其他经济合理的方案。如果设备修理不再具有经济性,就要考虑对设备加以更新。

2. 设备修理的经济分析

设备从投入使用开始就面临着有形磨损和无形磨损,因此,设备在使用中的维修费用总额要大大超过设备的原值,而且设备使用时间越长,设备需要修理的次数越多,设备的维修费用就越高。为了更合理地经济地使用设备,必须要研究设备维修的可行性。

1)设备大修的最低经济界限

设备大修的经济界限是设备是否还有必要进行修理的极限。即如果设备当次的大修费低于原型设备的置换价格则认为对设备进行大修是合理的。可用如下计算公式表示:

$$R < K_n - K_f \tag{6-14}$$

式中:R——设备当次大修费用;

K_n——原型设备的置换价格;

K_f——旧设备当次的残值。

在利用上式进行计算时不考虑设备大修后其使用性能等方面与新型同种设备的差异。只要满足设备当次的大修费用低于同种原型设备的重置价值,就应该进行大修。反之,应该考虑更新或者其他设备补偿方式。

2) 设备大修的理想经济界限

设备大修之后的实际效果通过最低经济界限不一定能正确反映出来。符合最低经济界限的大修决策,可能不是补偿设备磨损的最佳方案。因为,设备大修的效果要通过大修后的设备的生产成本和产品质量、产品数量表现出来。因此,设备大修的理想经济界限是:设备大修后生产的产品质量达到规定要求,其生产单位产品的成本,在任何情况下都不超过用同种新型设备生产的单位产品成本。可用如下计算公式表示:

$$C_0 \leqslant C_n \tag{6-15}$$

式中:C_0——设备大修之后生产单位产品的成本;

C_n——置换后的新设备生产单位产品的成本。

$$\begin{aligned} C_0 &= (K_r + \Delta V_0)(A/P, i_0, T_0)/Q_A + C_g \\ C_n &= \Delta V_n (A/P, i_0, T_n)/Q_{An} + C_{gn} \end{aligned} \tag{6-16}$$

式中:K_r——原设备大修的费用;

ΔV_0——原设备下一个大修周期内的价值损耗现值;

Q_A——原设备下一个大修周期内的年均产量;

C_g——原设备本次大修后生产单位产品的经营成本;

T_0——原设备本次大修到下一次大修的间隔年数;

ΔV_n——新设备新一个大修周期内的价值损耗现值;

Q_{An}——新设备第一个大修周期内的年平均产量;

C_{gn}——用新设备生产单位产品的经营成本;

T_n——新设备投入使用到第一次大修的间隔年数。

因此,如果设备大修后生产单位产品的成本不超过同型新设备生产单位产品的成本,那么进行设备大修就满足了经济上的要求。反之,就要考虑采取其他措施补偿设备磨损或者采用更新设备的方案。

6.2.2 设备更新方案的比较

1. 设备更新的概念

设备更新就是用经济性更好、性能更完备、技术更先进的设备去更换已经磨损陈旧的设备,被更换的设备一般是在技术上已经落后,经济上消耗费用增加已经不适宜使用的设备。设备更新有两种形式:一种是用相同的设备去更换有形磨损严重、不能继续使用的旧设备,这种设备更新又叫原型更新;另一种是用较先进的新设备更换那些技术上不能继续使用或经济上不适宜使用的旧设备,这种设备更新又叫技术更新。一台设备是否需要更新,在什么时间更新,选用什么设备来更新,主要取决于更新设备后的经济效果。通常进行设备更新会有多种方案,这些方案都能满足工程产品的技术要求和生产要求,这时,就要考虑新添设备的多种方案在经济上的优劣,并正确地从备选方案中选择一个最佳的设备购置方案。而设备更新的时机,一般取决于设备的技术寿命和经济寿命。技术寿命是从技术的角度看设备最合理的使用期限,它是由无形磨损决定的,与技术进步有关;而经济寿命是从经济角度看设备最合理的使用期限,它是由无形磨损和有形磨损共同决定的。适时地更换设备,既能促进技术进步,加速经济增长,又能节约资源,提高经济效益。

2. 设备更新方案的比选

设备更新方案的比选是项目经济效益的必然要求,主要是通过对新设备方案与旧设备方案进行比较分析,决定是现在更新设备,还是再使用旧设备一段时间再用新设备替换旧设备。项目为了保证良好的经济效果就必须适时更新设备,且更新方案需满足在技术性能和生产功能上有保证,经济上效益好这样的前提。

1) 设备更新原则

设备需要更新之前必须要进行必要的技术经济分析。设备更新方案比选的基本原理和评价方法与互斥型投资方案的比选相同。在进行设备更新方案比选之前,应遵循如下原则。

(1) 不考虑沉没成本。沉没成本是过去已发生的,在现在、将来的方案选择中均无关的成本费用。由于沉没成本是已经发生的费用,不管企业生产什么、生产多少,这项费用都要发生,因此在进行设备更新决策分析的时候不影响方案比选。即原有设备的价值按目前设备的实际价值来计算,而不管它过去是多少钱购进的。

(2) 在客观立场上对新、旧方案进行比较。在进行设备更新方案比选时不应该站在旧设备的立场上考虑问题,而应站在客观的立场上。即假如要保留旧设备,首先要付出相当于本设备当前的市场价值,才能取得旧设备的使用权。

(3) 采用逐年比较,解决旧设备何时更换的最佳问题。服务年限必须一致。

2) 设备更新方案的比选方法

【例 6-4】 某机械设备公司在 4 年前以原始费用 2200 元购进设备 M,估计还可以使用 6 年,年度使用费为 700 元,第 6 年末估计残值为 200 元。现在市场上出现设备 N,原始费用为 2400 元,估计可以使用 10 年,年度使用费为 400 元,第 10 年末估计残值为 300 元。基准收益率为 15%,现该公司面临着两个设备更新方案的比选。

方案 1:继续使用设备 M。

方案 2:把设备 M 以 600 元价格出售,然后购买设备 N。

【解】 根据题意画出现金流量图 6-2,解得

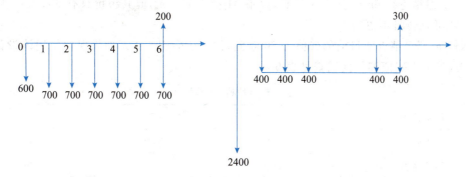

图 6-2 客观立场上设备更新方案的现金流量图

$$AC(15\%)_{方案1} = 700 + 600(A/P,15\%,6) - 200(A/F,15\%,6) = 836(元)$$
$$AC(15\%)_{方案2} = 2400(A/P,15\%,10) - 300(A/F,15\%,6) + 400 = 864(元)$$

由此可见,方案 1 比方案 2 在 6 年内每年可以节约 864－836＝28(元)。

在计算的时候要站在第三方的立场上,而不应按站在设备所有者的立场上,以免发生错误。如图 6-3 所示是个错误的示例。

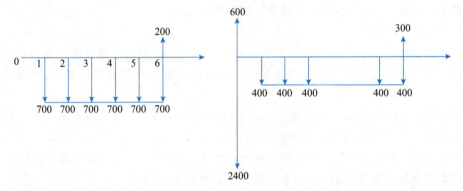

图 6-3 设备所有者立场上设备更新的现金流量图

$$AC(15\%)_{方案1} = 700 - 200(A/F,15\%,6) = 667(元)$$
$$AC(15\%)_{方案2} = (2400 - 600)(A/P,15\%,10) + 400 - 300(A/F,15\%,10) = 744(元)$$

针对上述两种计算结果的不同,归根结底,就是在进行设备更新分析的时候要站在客观的立场上:要么支付 600 元购买设备 M,要么支付 2400 元购买设备 N。

同时,例 6-4 可以换个角度分析,即假设新、旧设备的年度费用相同,这样可以理论推导出旧设备的价值,将其与目前的售价相比较,做出是否有必要进行更新的决策。

即设 X 表示设备 M 的当前价值,令其年度费用与设备 N 的年度费用相等,则

$$(X - 200)(A/P,15\%,6) + 200 \times 15\% + 700 = 864$$

得出 $X = 707(元)$。

从上述结论得知,同设备 N 比较,设备 M 价值 707 元,但其售价只有 600 元。因此,设备 M 可以暂时不更新。

【例 6-5】 某设备目前的残值为 7000 元,估计还能用 3 年。如果保留使用该设备 1、2、3 年,其年末残值和年使用费见表 6-5。

表 6-5 设备经济数据 2 单位:元

保留使用年数	1	2	3
年末残值	5000	3000	2000
年使用费	3000	4000	6000

现有一种新设备,原始费用为 30000 元,经济寿命为 12 年,12 年末的残值为 2000 元,年度使用费固定为 1000 元。基准收益率为 15%,是否需要更换旧设备? 如果更换,何时更换较好?

【解】 根据新旧设备的经济寿命所对应的年度费用结果比较,确定旧设备是否应该更换。

(1) 新设备的经济寿命所对应的年度费用为

$$AC(15\%)_{新} = (30000 - 2000)(A/P, 15\%, 12) + 2000 \times 15\% + 1000 = 6466(元/年)$$

(2) 旧设备的经济寿命所对应的年度费用,计算结果见表 6-6。

表 6-6 旧设备的年度费用

设备使用年数	1	2	3
年度费用/(元/年)	6050	6750	6915

将旧设备各年年度费用与新设备的各年年度费用进行比较。

第 1 年度内使用旧设备的年度费用为 $AC_{旧} = 6050$ 元/年,不应更换。

第 2 年度内使用旧设备的年度费用计算过程如下:

$$AC(15\%)_{旧2} = (5000 - 3000)(A/P, 15\%, 1) + 3000 \times 15\% + 4000 = 6750(元/年)$$

$$AC(15\%)_{旧2} = 6750 \text{元}/年 > AC_{新} = 6466 \text{元}/年$$

计算结果显示旧设备第 2 年度费用超出新设备的年度费用,因此,旧设备应该使用 1 年后就更换。

通过技术创新不断改善设备的生产效率,提高设备使用功能,会造成旧设备产生无形磨损,从而有可能导致企业对旧设备进行更新。设备更新的经济分析包括两个方面的内容:一是确定设备更新的最佳时期,即设备更新虽然在经济上是有利的,却也未必应该立即更新。如果旧设备继续使用一年的年平均成本低于新设备的年平均成本,则不更新设备,应该继续使用旧设备一年。当旧设备继续使用一年的年平均成本超过设备的年平均成本,这时需更换旧设备。二是从众多的更新方案里面选出最优的方案。总之,确定设备更新的时机,可以以设备的经济寿命作为依据,使设备都使用到最有利的年限。

【例 6-6】 某公司用旧设备加工某产品的关键零件,该设备是 8 年前买的,当时购置费及安装费为 8 万元,该设备目前市场价为 18000 元,估计该设备可再用 2 年,报废时残值为 2750 元。目前市场上有一种新设备,新设备的购置费及安装费为 120000 元,使用寿命为 10 年,残值为原值的 10%。旧设备和新设备加工 100 个零件所需时间为 5.24 时和 4.22 时,该公司预计今后每年平均能销售 44000 件该产品。该公司人工费为 18.7 元/时,旧设备动力为 4.7 元/时,基准收益率为 10%。试分析是否应进行设备更新。

【解】 选择旧设备的剩余使用寿命 2 年为研究期,根据动态情况下设备年度费用的计算公式得

$$AC_{旧} = (18000 - 2750)(A/P, 10\%, 2) + 2750 \times 10\% + 5.24$$
$$\div 100 \times 44000 \times (18.7 + 4.7) = 63013.09(元)$$
$$AC_{新} = (120000 - 12000)(A/P, 10\%, 10) + 12000 \times 10\%$$
$$+ 4.22 \div 100 \times 44000 \times (18.7 + 4.9) = 62592.08(元)$$

由上述计算结果可知 $AC_{旧} > AC_{新}$，使用新设备比使用旧设备每年可以节约 63013.09－62592.08＝421(元)，故应该进行设备更新。

6.2.3 设备更新方案案例分析与应用

设备更新有两种情况：一是设备在整个使用期内并不会过时，即在一定时期内还没有更先进的设备出现。在这种情况下，设备在使用过程中是受到有形磨损的作用，有形磨损会造成设备的维修费用，特别是大修费及运行费用的不断增加，这时应该对旧设备进行替换；二是在技术不断进步的情形下，由于无形磨损的作用，可能设备还没有用到经济寿命期，就已出现了重置价格很低的同型设备或工作效率更高、效益更好的新设备，这时就有必要针对继续使用原设备还是购置新设备进行方案选择。设备更新方案比选常用的方法有年费用法、现值费用法。

1. 因过时而引起的更新

【例 6-7】 某单位的一台旧设备，目前转让价格为 25000 元，下一年将贬值 10000 元。由于性能退化，今年的使用费为 80000 元，预计今后每年增加 10000 元。它将在 4 年后报废，残值为 0。现有一台同型同类设备，它可以完成与现在设备相同的工作，购置费为 16000 元，经济寿命为 7 年，期末残值为 15000 元，年度使用费为 6000 元，并预计该设备在 7 年内不会有大的改进。设 $i_c = 12\%$，是否需要更新现有设备？如果需要，应该在什么时间更新？

【解】 确定新设备的年平均费用：
$$AC_{新} = (160000 - 15000)(A/P, 12\%, 7) + 15000 \times 12\% + 6000$$
$$= 93572(元)$$

确定旧设备持续使用 4 年的年平均费用：
$$AC_{旧} = 25000(A/P, 12\%, 4) + 80000 + 10000(A/G, 12\%, 4)$$
$$= 101819(元)$$

显然，旧设备的年平均费用高于新设备的年平均费用，那么旧设备需要更新。但是是否要马上进行更新，还需要做出进一步的分析。

如果旧设备再保留使用 1 年，则 1 年的年费用为
$$AC_{旧1} = (25000 - 15000)(A/P, 12\%, 1) + 15000 \times 12\% + 80000$$
$$= 93000(元)$$

由上述计算结果可知,旧设备继续保留使用1年的费用小于新设备的年平均费用,所以旧设备在第一年应该继续保留使用。

如果旧设备再保留到第二年,则第二年1年的年费用为

$$AC_{旧2} = (15000 - 10000)(A/P, 12\%, 1) + 10000 \times 12\% + 90000$$
$$= 96800(元)$$

因此,如果旧设备保留到第二年,旧设备第二年的年费用高于新设备的年平均费用,则旧设备在第二年使用之前应该更新。故现有设备应该再保留使用一年,一年后应该更新为新设备。

2. 由于能力不足引起的更新

【例6-8】 某公司在三年前购置了一套设备,该设备造价23000元,预计寿命18年,年度使用费为1250元/年,由于需要将生产效率提高1倍,原设备的生产能力不能满足公司需要。故提出A、B两种方案来解决。

A方案:保留旧设备,再花17000元购置一套和原有设备生产效率完全相同的设备;

B方案:将旧设备以6100元售出,再花27000元购置一台生产效率大1倍的新设备,估计寿命为15年,年度使用费为2400元/年。

三台设备的残值均为购置成本的15%,设i_c为10%,计算期为15年,试比较A、B方案哪个是最优方案。

【解】 使用旧设备的年度费用为

$$AC_{A原} = (6100 - 23000 \times 15\%)(A/P, 10\%, 15) + 23000 \times 15\% + 1250$$
$$= 1943(元/年)$$

使用新设备的年度费用为

$$AC_{A新} = (17000 - 17000 \times 15\%)(A/P, 10\%, 15) + 17000 \times 15\% \times 10\% + 1250$$
$$= 3405(元/年)$$

方案A年度总费用为

$$AC_A = AC_{A原} + AC_{A新} = 1943 + 3405 = 5348(元/年)$$

方案B的年度总费用为

$$AC_B = (27000 - 27000 \times 15\%)(A/P, 10\%, 15) + 27000 \times 15\% \times 10\% + 2400$$
$$= 5823(元/年)$$

显然方案A为最优方案,应采用。

6.2.4 设备租赁经济分析

1. 设备租赁

1)租赁的概念

租赁是指租用他人的物品,是根据协议承租方在一定时期内有权使用出租方所拥有

的某项财产,并按规定日期支付固定费用作为报偿。设备租赁是出租人应承租人的要求租赁所需的设备,在一定时期内供承租人使用,承租人按期支付租金的一种形式。设备租赁一般有如下优点。

(1)减少设备投资。企业对设备的使用有时是阶段性的,租赁设备可以避免企业一次性资金流出过大。

(2)避免技术落后所带来的风险。企业可以随时根据生产要求在设备到期后更换租赁的设备。

(3)减少维护设备和更换零部件所带来的支出(一般租赁合同规定,租赁设备的维修工作由出租方负责,当然,维修费用已包括在租金之中)。

(4)避免固定资产的闲置浪费。当今经济飞速发展,科技更新换代加速,设备更换的时间缩短,极易因技术落后被淘汰,造成设备的闲置。

(5)降低企业的资金压力。设备租金可以在税前扣除,能享受税费上的利益。

(6)设备租赁可以减少筹资。企业若通过筹资的方式购置设备,会增加企业的负债,降低企业的流动资金,不利于企业的发展。

设备租赁除了有上述优点之外,还存在一些不足之处:承租人在承租期间不能随意改装设备,也不能将设备用于担保、抵押,不能随意处置租赁设备;租赁合同较为烦琐,设备损坏要进行赔偿;常年支付租金,会形成长期资产负债。

因此,租赁设备有利有弊,企业在面对购置新设备还是租赁设备的方案选择时,可以先进行经济评价。

2)设备租赁的现金流量及与购置设备现金流量的比较

对于设备的使用者来讲,是采用购置设备的决策还是租赁设备的决策,取决于这两种方案在经济上的比较。其比较原则和方法与一般的互斥投资方案比选的方法并无实质上的差别。设备租赁由于租金可在税前扣除,所以和购置设备方案相比较,在现金流上主要区别于所得税额和租赁费以及设备购置费。

(1)设备租赁方案的净现金流量

采用设备租赁方案,没有资金恢复费用,其租赁费直接进入成本,现金流量由租赁费、经营费用(设备的运行费)、税金优惠额、销售收入构成,其净现金流量可用公式表示为

$$\text{净现金流量}=\text{营业收入}-\text{租赁费用}-\text{经营成本}-\text{与营业相关的税金}-\text{所得税} \quad (6\text{-}17)$$

或

$$\text{净现金流量}=\text{营业收入}-\text{租赁费用}-\text{经营成本}-\text{与营业相关的税金}-\text{所得税} \\ \times(\text{营业收入}-\text{租赁费用}-\text{经营成本}-\text{与营业相关的税金}) \quad (6\text{-}18)$$

从以上两式可见,当租赁费等于资金恢复费用(折旧费)时,区别仅在于税金上的差别,见表6-7。

(2)设备购置方案的净现金流量

在与设备租赁方案相同的条件下,设备购置方案任一期的净现金流量可用公式表示为

净现金流量＝营业收入－设备购置费－经营成本－贷款利息
－与营业相关的税金－所得税

或

净现金流量＝营业收入－设备购置费－经营成本－贷款利息
－与营业相关的税金－所得税率×(营业收入－经营成本
－折旧－贷款利息－与营业相关的税金) (6-19)

表 6-7 设备租赁方案现金流量表　　　　　　　　　　单位：万元

序号	项　目	合计	计算期					
			1	2	3	4	…	n
1	现金流入							
1.1	营业收入							
2	现金流出							
2.1	租赁费用							
2.2	经营成本							
2.3	营业税金及附加							
2.4	所得税							
3	净现金流量(1－2)							

设备购置现金流量如表 6-8 所列。

表 6-8 设备购置方案现金流量表　　　　　　　　　　单位：万元

序号	项　目	合计	计算期					
			1	2	3	4	…	n
1	现金流入							
1.1	营业收入							
2	现金流出							
2.1	设备购置费							
2.2	经营成本							
2.3	贷款利息							
2.4	所得税							
3	净现金流量(1－2)							
4	累计净现金流量							

进行设备租赁或购置比选的过程也是通过对互斥方案进行经济分析进而选择最优方案的过程。对于租赁与购置方案的比较，在寿命期相同的前提下，可以采用净现值法，寿命不同时采用年值法。下面举例说明。

【例 6-9】 某设备使用年限约 10 年,此设备原值 45000 元,年利率为 15%,如果租用该设备,每月需要租金 500 元。不考虑运营费和维修费,应选择购置还是租赁?

【解】 由题意知:年利率为 15%,可求得月利率为 $\dfrac{15\%}{12}=1.25\%$。

根据年金终值公式可得,考虑资金时间价值的年应支付租金为

$$F = A \times \frac{(1+i)^n - 1}{i}$$

$$= 500 \times \frac{(1+1.25\%)^{12} - 1}{1.25\%}$$

$$= 6430.2(元)$$

$$P = A(P/A, i, n) = 6430.21(P/A, 15\%, 10) = 32273.077(元)$$

由计算结果可知,租赁费用少于购置新设备所需的费用,因此选择租赁设备更好。

案例分析

设备工程经济分析训练

项目 7　价值工程

第二次世界大战期间，由于战争需要，美国国内军用品的生产强调货期而不顾及材料的节约，因此，在资源丰富的美国也出现了原材料的短缺甚至匮乏的现象。设计工程师麦尔斯(Miles)当时在美国通用电气公司采购部工作，他的工作内容是为通用电气公司寻找军工生产中短缺材料和产品的替代品。当时材料采购困难，他认为如果得不到所需要的材料和产品，可以用其他材料来代替，同样可以获得相同的功能，于是，他开始研究材料替代的问题。当时，通用电气公司需要购买的石棉板价格成倍增长，给采购工作带来很大困难。麦尔斯就提出一些问题：为什么要使用石棉板，它的功能是什么？原来，他们给产品上涂料时，容易把地板弄脏，要在地板上铺一层东西。涂料的溶剂是易燃品，消防法规定要铺石棉板。由于石棉板奇缺，他们就想用代用材料。但根据消防法规定，不能使用代用品，经过周折，修改了消防法，才允许代用。麦尔斯等人通过他们的实践活动，总结出一套在保证同样功能前提下降低成本的比较完整的科学方法，当时称价值分析(value analysis,VA)，以后价值分析内容又逐步丰富发展与完善，后被称为价值工程。由于麦尔斯在价值工程方面的杰出贡献，他被誉为"价值工程之父"。

思考：
1. 总结采用"替代品"的原则。
2. 如何计算"替代品"的价值。
3. "替代品"的原理是否可用于项目建设？

7.1　价值工程基本原理

7.1.1　价值工程

1. 价值工程的含义

价值工程(value engineering,VE)是以提高产品价值和有效利用资源为目的，通过有组织的创造性工作，寻求用最低的全寿命周期成本，可靠地实现所研究对象的必要功能，以获得最佳综合效益的一种管理技术。其中，价值工程中"工程"的含义是指为实现提高价值的目标所进行的一系列分析研究的活动。

价值工程与一般的投资决策理论不同,一般的投资决策理论研究的目的是项目的投资效果,强调项目的可行性,而价值工程是研究获得产品必要功能时如何省时、省钱、省力的技术经济分析方法,以功能分析和功能改进为研究重点。从价值工程的定义中,要真正理解价值工程的含义,必须明确价值工程的三个基本概念:价值、功能和全寿命周期成本。

1) 价值

价值工程中所述的"价值"是一个相对概念,是指价值工程研究对象所具有的功能与形成功能的费用之比。它是衡量一个研究对象经济效益高低的尺度,可以用一个数学公式表示为

$$V = \frac{F}{C} \tag{7-1}$$

式中:V——价值;

F——研究对象的功能;

C——获得相应功能的全寿命周期成本,即从研发、设计、试验、试制、生产、销售、使用、维修直到报废所支出费用的总和。

从公式中我们可以看出,价值工程中的价值是一种比较价值或相对价值的概念,对象的效用或功能越大,成本越低,价值就越大。

2) 功能

功能是指价值工程研究对象能够满足人们某种需要的一种属性。对产品而言,功能就是指它的用途。任何产品的存在是由于它们具有能满足用户需求的功能。人们购买产品的实质是为了获得产品的功能。产品功能主要决定于用户要求,决定于用户使用功能的环境条件和费用支出的能力。任何功能的使用,包括产品整体功能和零部件功能,必须能够和产品系统中的其他产品或零部件功能相协调、相配合,整个产品系统的功能水平决定着各组成部分——产品或零部件的型号规格、性能指标。但在实际中,存在着许多功能过剩或功能不足的现象。

根据功能的不同特性,可做如下分类。

(1) 按功能的重要程度分类,一般可分为基本功能和辅助功能。基本功能就是要达到这种产品的目的所必不可少的功能,是产品的主要功能,如果不具备这种功能,这种产品就失去其存在的价值。例如,承重墙的基本功能是承受荷载。辅助功能是为了更有效地实现基本功能而添加的功能,是次要功能。

(2) 按功能的性质分类,功能可划分为使用功能和美学功能。使用功能从功能的内涵上反映其使用属性,而美学功能是从产品外观反映功能的艺术属性。无论使用功能还是美学功能,它们都是通过基本功能和辅助功能来实现的。产品的使用功能和美学功能要根据产品的特点而有所侧重。有的产品突出其使用功能,例如地下电缆、地下管道等;有的产品突出其美学功能,例如墙纸、壁画等。当然,很多产品两种功能兼而有之,例如手表。

(3) 按功能的量化标准分类,功能可分为过剩功能和不足功能。过剩功能是指产品功能超过了用户需求或标准功能水平。不足功能是相对于过剩功能而言的,表现为产品

功能水平低于标准功能水平,不能完全满足用户需要。不足功能和过剩功能是价值工程的主要研究问题。

(4)按用户的需求分类,功能可分为必要功能和不必要功能。必要功能是指用户所要求的功能,以及实现用户所需求功能有关的功能,使用功能、美学功能、基本功能、辅助功能等均可能成为必要功能;不必要功能是指不符合用户要求的功能。不必要功能包括三类:一是多余功能;二是重复功能;三是过剩功能。不必要的功能很可能产生不必要的费用,这不仅增加了用户的经济负担,而且还浪费资源。因此,价值工程所指的功能,通常指必要功能,即充分满足用户要求的功能。

(5)按总体与局部分类,功能可划分为总体功能与局部功能。总体功能和局部功能是目的和手段的关系,产品各局部功能是实现产品总体功能的手段,而产品的总体功能又是产品各局部功能要达到的目的。

上述分类有助于分辨、确定产品各种功能的性质和重要程度。价值工程正是抓住产品功能这一本质,通过对产品功能的分析研究,正确、合理地确定产品的必要功能、消除不必要功能、加强不足功能、削弱过剩功能,改进设计,降低产品成本。因此,可以说价值工程是以功能为中心,在可靠地实现必要功能基础上来考虑降低产品成本的。

3)成本

价值工程中的成本是指全寿命周期成本(life cycle cost,LCC),包括产品从研究、设计、制造、销售、使用直至报废为止的整个期间的全部费用。它由生产成本和使用成本两部分构成,如图7-1所示。

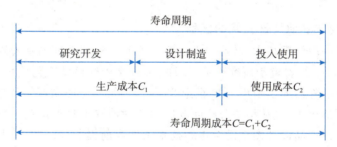

图7-1 寿命周期成本构成示意图

生产成本C_1是指用户购买产品的费用,包括产品的研发、设计、试制、生产、销售等费用;使用及维护成本C_2是指用户使用产品过程中的费用,包括使用过程中的能耗、维修费用、人工费用、管理费用等。

产品的全寿命周期一般可分为自然寿命和经济寿命。价值工程一般以经济寿命来计算和确定。全寿命周期成本是指为生产、使用产品,在整个寿命周期内所发生的各项费用之和。

生产企业只有站在用户的角度,把企业的利益和用户的利益紧密地结合在一起,在考虑降低设计生产成本的同时,还应考虑降低用户的使用成本,企业的产品才能具有真正的生命力。否则,只降低设计生产成本,反而提高了使用成本,用户买得起却用不起,企业产品就不可能有持久的生命力。在价值工程活动中,虽然把重点放在产品的设计阶段,但既要重视降低设计生产成本,也要重视降低使用成本,把产品的生产和使用作为一个整体。

一般情况下,随着产品各种功能的增加,生产成本会逐渐上升,而使用成本逐渐下降,全寿命周期成本则先逐渐下降,后逐渐上升,在一定范围内,C_1 与 C_2 存在此消彼长的关系。随着功能水平的提高,生产成本 C_1 增加,使用及维护成本 C_2 降低;反之功能水平降低,其生产成本 C_1 降低,但是使用及维护成本 C_2 增加。因此,全寿命周期成本 $C(C=C_1+C_2)$ 呈马鞍形变化,如图 7-2 所示。产品的生产成本 C_1 和使用及维护成本 C_2 两条曲线相交处所对应的全寿命周期成本为最小值 $C_{\min}$,体现了较理想的功能与成本关系。

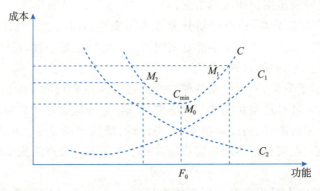

图 7-2 成本与功能关系图

价值工程就是要通过着重于功能分析的一系列有组织的创造性活动,提高所研究对象的价值。

2. 价值工程与其他管理技术的区别

价值工程是一门管理技术,又不同于一般的工业工程和全面质量管理技术。诞生于 20 世纪初的工业工程,着重于研究作业、工序、时间等从材料到工艺流程等问题,这种管理技术主要目的是降低加工费用。20 世纪 20 年代创始的全面质量管理是按照设计图纸把产品可靠地制造出来,是从结果分析问题原因帮助消除不良产品的一种管理技术。但全面质量管理是以产品设计图纸已给定的技术条件为前提的。因此,工业工程和全面质量管理技术降低产品成本都有局限性。而价值工程改变过去以物品或结构为中心的思考方法,从产品的功能出发,在设计过程中,重新审核设计图纸,对产品作设计改进,把与用户需求功能无关的构配件消除掉,更改具有过剩功能的材质和构配件,设计出价值更高的产品。由于它冲破了预案设计图纸的界限,故能大幅度地降低成本。

价值工程与一般的投资决策理论不同。一般的投资决策理论研究的是项目投资效果,强调的是项目的可行性,而价值工程是研究如何以最少的人力、物力、财力和时间获得必要功能的技术经济分析方法,强调的是产品的功能分析和功能改进。

价值工程废弃了会计制度上沿用的事后成本和与产品费用无关的计算成本办法,采用以产品功能为中心分析成本的事前成本计算方法,保证了成本的正确可靠性。

总之,价值工程师采用系统的工作方法,通过各相关领域的协作,对所研究对象功能与成本、效益与费用之间的关系进行系统分析,不断创新,旨在提高所研究对象价值的思想方法和管理技术。

7.1.2 价值工程的特点

价值工程涉及价值、功能和全寿命周期成本三个基本要素,它具有以下特点。

1. 价值工程的目标是以最低的全寿命周期成本使产品具备必要功能

全寿命周期成本与其功能是辩证统一的关系。全寿命周期成本的高低,不仅关系到生产企业的利益,同时也与满足用户的要求乃至建设资源节约型社会密切相关。因此价值工程的活动应贯穿于生产和使用的全过程,兼顾生产者和用户的利益,以获得最佳综合效益。

2. 价值工程的核心是对产品进行功能分析

价值工程的功能是指对象能够满足某种要求的一种属性。例如,住宅有提供居住空间的功能,厂房有提供生产制造场地的功能,等等。用户购买产品,是购买这种产品的功能。企业生产的目的,也是提供用户所期望的功能,而产品的结构、材质等是实现这些功能的手段,目的是主要的,手段可以广泛选择。因此,价值工程的核心是功能分析,应围绕着产品的功能进行分析,促使功能与成本合理匹配,获取较高的经济效益。价值工程一般要求将功能定量化,即将功能转化为能够与成本直接相比的量化值。

3. 价值工程是以集体的智慧开展的有计划、有组织的管理活动

价值工程研究的问题贯穿产品的整个寿命周期,涉及面广,研究过程复杂。因此,在开展价值工程活动时,必须组织科研、设计生产、管理、采购、供销、财务,甚至用户等各方有经验的人员参加,以适当的组织形式组成一个智力结构合理的集体,共同研究,发挥集体智慧、经验和积极性,排除片面性和盲目性,博采众长,有计划、有领导、有组织地开展活动,以达到提升产品价值的目的。

4. 价值工程以用户要求为重点

产品的设计依据是用户的功能需求。用户对产品功能提出的各种要求,应成为价值工程的改进重点,认真地鉴别出产品中存在的那些与用户要求无关的功能,降低由此造成的冗余成本。

5. 价值工程强调不断改革和创新

价值工程强调不断改革和创新,开拓新构思和新途径,获得新方案,创造新功能载体,而简化产品结构,节约原材料,提高产品的技术性能与经济效益。

6. 价值工程的思维方法具有一定的独特性

与其他现代化管理技术相比,价值工程在思考问题、分析问题和解决问题的思维方法上都有其独到之处。

(1)站在用户角度上考虑问题的思维方法。我国很多企业往往是站在生产者的角度上考虑企业的加工条件、技术水平、设备状况等方面的因素,产品的设计局限于结构的设计、实现和完善等。这种思考问题的方法容易导致产品服从结构,服从企业条件。改革开放以来,在市场竞争愈加激烈的情况下,尽管这种思维方法有所减少,设计者也开始从用户需要出发来考虑用户的要求,但往往是局部的、不确定的。基本出发点还没有发生根本性的变化,或主观上想从用户角度出发,但受传统设计思维方法的限制,不能很好地实现这个愿望。而价值工程思维方法使设计者必须站在用户角度考虑问题。首先思考"用户需要这个产品,其需求的最终效果是什么?"由此来确定这个产品的最终功能。在此基础上进一步思考"如果我是用户,希望通过什么手段来实现或如何做更方便?"这样一步步寻求下去,不仅使产品的最终结果面对用户,而且使产品的各个局部也面对用户的需求。用这种思维方法设计出来的产品就能够更恰当地满足用户的要求。

(2)系统分析的思维方法。系统分析特点表现为分析问题的层次性、集体性、相关性、整体性和目的性。价值工程的思维方法体现了这些特点。首先,价值工程把研究对象作为一个整体,对它的技术先进性和适宜性、技术上满足用户需要的程度、经济合理性等进行综合分析和评价,并把企业效益与社会效益统一起来,把用户利益与生产厂商利益结合起来,充分体现了它的整体性、系统性的思维特点。其次,价值工程把研究对象的功能层层分解,寻求各功能之间的逻辑关系,最终把功能按系统形式表达出来,这种方法充分体现了系统分析的层次性与相关性。最后,价值工程追求在满足用户所要求的必要功能的基础上,最大限度地节约社会资源,充分体现了系统分析的目的性。

(3)突出重点的思维方法。一个产品往往是一个很复杂的整体,包含许多部分和因素,而与产品的设计、加工有关的条件又是多方面的。因此,如果不分主次,试图把产品所有的因素和相关部分都作为价值工程的对象来分析,试图把所有的问题一下子都加以解决,定会因条件的限制而使应该解决的问题不能很好地解决。价值工程则采用突出重点的方法,从价值分析的对象选择、对产品进行功能评价直到选择价值改进的对象以至构思改进方案,运用了许多选择重点因素的方法和技术,自始至终贯穿着突出重点、抓主要矛盾的思想。这种分清主次,突出解决主要问题,步步逼近最优状态的思维方法,大大减少了价值工程活动的工作量,提高了这一活动的效率,有利于价值工程在企业中的推广与应用。

综上所述,不难看出,价值工程不仅有其正确的指导思想,特有的思维方法,同时又有区别于其他管理方法的不同特点,可看作为一种科学的思维方法和管理决策技术。

7.1.3 提高价值的途径

根据价值、功能、成本的关系,存在五种提高产品价值的途径,见表7-1。

表7-1 提高价值的途径

类 型	途 径	方 式	特 点
双向型	提高功能,降低成本	$\frac{F\uparrow}{C\downarrow}=V\uparrow$	是价值工程主攻方向
改进型	提高功能,成本不变	$\frac{F\uparrow}{C\rightarrow}=V\uparrow$	着眼于提高功能
节约型	功能大提高,成本略提高	$\frac{F\uparrow\uparrow}{C\uparrow}=V\uparrow$	着眼于提高功能

续表

类　型	途　径	方　式	特　点
投资型	功能不变,降低成本	$\dfrac{F\rightarrow}{C\downarrow}=V\uparrow$	着眼于降低成本
牺牲型	功能略下降,成本大下降	$\dfrac{F\downarrow}{C\downarrow\downarrow}=V\uparrow$	着眼于降低成本

上述五种基本途径,仅是依据价值工程的基本关系式 $V=F/C$,从定性的角度提出来的一些思路。在价值工程活动中,具体选择提高价值途径时,则需进一步进行市场调查,依据用户的要求,按照价值分析的重点,针对不同途径的适用特点和企业的实际条件进行具体的选择。

价值工程活动尽管可以在产品形成和使用的各个阶段开展,以提高产品的价值为目标,但在不同阶段进行价值工程活动所提高的价值幅度是不同的。对于大型工程,在建设工程设计阶段开展价值工程活动,其价值提高的幅度较大,因为一旦图纸已经设计完成并投入生产,项目的价值也基本决定了。因此,价值工程更侧重于产品研制和设计阶段,在此阶段对产品进行分析,寻找具有创造性的方案,以求提高产品的价值。

7.1.4　价值工程的工作程序

价值工程的工作程序是根据价值工程的理论体系和特点,围绕五个阶段、七个问题系统地展开的。通过提问来分析问题、解决问题,具有较强的针对性,符合人们的工作习惯。这七个问题有着紧密的逻辑联系,它们是按照功能分析和方案创造的思路逐步深入的。

1. 价值工程的对象是什么

明确价值工程的研究对象。在企业的生产经营中,改进哪一种产品、哪一道工序、哪一个环节,要分析确定。

2. 产品的作用、功能如何

抓住研究对象的实质即功能。通过功能定义和功能整理,明确研究对象的功能是什么,系统地、有联系地认识其功能。

3. 产品成本是什么

计算和分析研究对象的实际成本。

4. 产品的价值如何

计算和分析研究对象的价值,必要时,需分别对研究对象所承担的各项功能,进行价值的计算和分析。

5. 有无实现同样功能的新方法

围绕用户的功能要求,积极构思,尽可能提出多种可实现所要求功能的方案。

6. 新方案的成本是多少

测算各方案的成本,进行方案概略评价。

7. 新方案能满足要求吗

综合评价各方案,选择最优方案组织实施。

遵循上述七个问题的逻辑关系,可总结出价值工程的工作步骤及具体内容,见表 7-2。

表 7-2 价值工程的工作步骤及具体内容

工作阶段	设计程序	工作步骤 基本步骤	工作步骤 详细步骤	对应问题
准备阶段	制订工作计划	确定目标	1. 工作对象选择 2. 信息资料搜集	1. 价值工程的研究对象是什么?
分析阶段	功能评价	功能分析	3. 功能定义 4. 功能整理	2. 产品的作用、功能如何?
分析阶段	功能评价	功能评价	5. 功能成本分析 6. 功能评价 7. 确定改进范围	3. 产品成本是什么? 4. 产品的价值如何?
创新阶段	初步设计 评价各设计方案,改进、优化方案	制定创新方案	8. 方案创造 9. 概略评价 10. 调整完整 11. 详细评价	5. 有无实现同样功能的新方法? 6. 新方案的成本是多少?
创新阶段	方案书面化		12. 提出方案	7. 新方案能满足要求吗?
实施阶段	检查实施情况并评价活动成果	方案实施与成果评价	13. 方案审批 14. 方案实施与检查 15. 成果评价	8. 偏离目标了吗?

7.1.5 实施步骤

1. 对象选择

1) 对象选择的原则

正确选择 VE 对象是 VE 收效大小与成败的关键。选择 VE 对象的原则如下。

(1) 选择设计因素多、结构复杂、体积大的产品。对于结构过于复杂的产品,在保证其必要功能的基础上,可对复杂结构进行分解,确定各组成部分的功能和作用,合理进行设计,加以简化,以大幅度降低成本。例如,为了满足交通的要求,柔性路面结构层次逐渐发展为面层、联结层、基层、底基层和垫层,不同结构层具有各自的主要功能。但结构层次过多则需要多种材料,多道工序施工,不但增加路面的造价,且往往因配合不当或施工不当引起质量问题。故可对路面层次进行价值分析。

(2) 选择造价高,占总成本比重大,且对经济效益影响大的产品。例如,软土地中的桩基础工程,道路工程中的互通式立交,桥梁下部工程中的桩基础等。

(3) 选择量大而广的产品,如建筑用的砖,路面及桥梁工程中上部结构物等。

(4) 选择质量差,用户意见大的产品,如路面等损坏率高的产品。

(5) 选择寿命周期较长的产品,如桥梁、堤坝、防洪建筑等产品。

(6) 选择技术经济指标较差的产品。通过与同类产品进行技术性能、经济指标的比较,找出差距大的产品作为价值工程对象。

(7) 从畅销产品中选择。为了使企业产品处于有利的竞争地位,必须做到既提高产品功能又不增加售价,甚至降低售价。

(8) 选择产品设计年代已久,技术已显陈旧的产品。

对于投资工程,以下项目可作为价值工程分析的重点考虑对象。

(1) 投资额大的项目。

(2) 复杂的项目。

(3) 重复建设的项目。

(4) 没有先例的或采用新技术的独特项目。

(5) 工程预算限制严格的项目。

(6) 设计进度计划被压缩了的项目。

(7) 受公众关注的项目。

2) 对象选择方法

(1) ABC 分析法

1879 年,意大利经济学家帕雷托在分析研究本国财富分配状况时,从大量的统计资料中发现,占人口比例小的少数人,拥有绝大部分社会财富,而占有少量社会财富的则是大多数人,他将这一现象用图表示出来,就是著名的帕雷托图。1951 年,管理学家戴克将其应用于库存管理,命名为 ABC 法,如图 7-3 所示。其中,关键的少数是 A 类,次要的多数是 C 类,其余的是 B 类。一般来说,A 类即为价值工程重点研究的对象,B 类作一般分析,C 类可不作分析。

该分析方法的核心思想是在决定一个事物的众多因素中分清主次,识别出少数的,但对事物起决定作用的关键因素和多数的,但对事物影响较少的次要因素。

例如,在房屋建筑工程施工成本分析过程中,钢筋工程、混凝土工程、桩基础工程即是关键的少数,属于 A 类;平整场地工程、脚手架工程、模板工程即是次要的多数,属于 C 类;砌体工程属于 B 类。

(2) 强制确定法

强制确定法是以功能重要程度作为选择价值工程对象的一种分析方法。它的出发点是:功能重要程度高的零部件,是产品中的关键,应当是重点分析对象。强制确定法不仅能用于工程,也可用于产品、工序、作业、服务项目或管理环节的分析上。强制确定法分为 0-1 评分法和 0-4 评分法两种。

① 0-1 评分法

0-1 评分法是先将构成项目的各分项因素排列成矩阵,并站在用户的角度按功能重

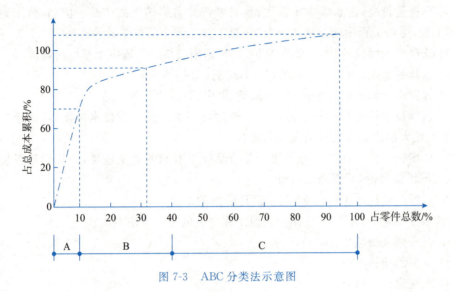

图 7-3　ABC 分类法示意图

要程度进行一对一循环对比，两两打分，功能相对重要的因素得 1 分，不重要的得 0 分。每作一次比较，有一个得 1 分，另一个得 0 分，汇总各因素的得分值后除以全部项目因素的得分值总和，就得出各因素的功能评价系数，系数大者，表明此因素重要，应列为重点研究对象。

有时某一因素的得分总值为 0，但不能说该因素没有价值，为了避免这种误差，需要对评分值加以修正，修正的方法是在各因素得分基础上都各加 1 分，用修正后的得分值作为计算功能重要系数的参数。具体算法过程见表 7-3。

表 7-3　0-1 评分表

项目因素名称	两两对比分项					得分值	修正值	功能重要程度系数
	分项 A	分项 B	分项 C	分项 D	分项 E			
分项 A	×	1	1	1	1	4	5	0.333
分项 B	0	×	1	0	1	2	3	0.20
分项 C	0	0	×	0	1	1	2	0.133
分项 D	0	1	1	×	1	3	4	0.266
分项 E	0	0	0	0	×	0	1	0.066
合计						10	15	1.000

② 0-4 评分法

0-1 评分法虽然能判别分项因素的功能重要程度，但评分规定过于绝对和笼统，准确度不高。这时，可以采用 0-4 评分法来计算功能重要系数，见表 7-4。

0-4 评分法的步骤、方法与 0-1 评分法基本相同，它也是采用一对一比较打分，但两分项因素得分和为 4 分。其评分规则是：功能非常重要的分项分值为 4 分，另一个相对很不重要的分值为 0 分；功能比较重要的分项分值为 3 分，另一个功能比较不重要的分值为 1 分；功能相同的两个分项分值各为 2 分。

表 7-4　0-4 评分表

项目因素名称	两两对比分项						得分值	功能重要程度系数
	分项 A	分项 B	分项 C	分项 D	分项 E	分项 F		
分项 A	×	4	4	3	3	2	16	0.267
分项 B	0	×	3	2	4	3	12	0.200
分项 C	0	1	×	1	2	2	6	0.100
分项 D	1	2	3	×	3	3	12	0.200
分项 E	1	0	2	1	×	2	6	0.100
分项 F	2	1	2	1	2	×	8	0.133
合计							60	1.000

强制确定法是国内外应用十分广泛的方法之一，它虽然在逻辑上不十分严密，又含有定性分析的因素，但却有一定的实用性，只要运用得当，在多数情况下所指示的方向与实际大致相同。

（3）价值系数法

该法选择价值工程研究对象的原理是：价值系数偏低的分项说明在投入相等的情况下，这些分项提供的功能偏低；或提供功能同样的情况下，投入成本偏大。所以，相对而言，应该选择价值系数偏低的分项作为研究对象。价值系数法选择分析对象的具体步骤见表 7-5。表 7-6 展示了某项目采用价值系数法选择价值工程研究对象的计算过程。

表 7-5　价值系数法选择分析对象的具体步骤

序号	步骤名称	计算方法
1	确定各分项的功能评价系数（FI）	0-1 评分法和 0-4 评分法
2	求出各分项的当前成本系数（CI）	分项成本系数$(CI) = \dfrac{\text{分项成本}}{\text{总成本}}$
3	求出各分项的当前价值系数（VI）	分项价值系数$(VI) = \dfrac{\text{分项功能评价系数}(FI)}{\text{分项成本系数}(CI)}$
4	选择价值工程对象	当 $VI \geq 1$ 时，表明分项贡献的功能大于或等于所投入的成本，这样的分项不必进行价值分析； 当 $VI < 1$ 时，表明分项贡献的功能小于投入的成本。该值越小，越应该作为价值工程重点研究对象

表 7-6　某项目采用价值系数法选择价值工程研究对象　　　　　　　单位:万元

分项名称	功能评价系数	目前成本	成本系数	价值系数	价值工程对象
A	0.38	1800	0.3	1.267	
B	0.24	3000	0.5	0.480	√
C	0.09	303	0.0505	1.782	
D	0.26	284	0.0473	5.497	
E	0.03	613	0.1022	0.294	√
合计	1.00	6000	1.00		

2. 信息资料收集

信息资料是价值工程实施过程中进行价值分析、比较评价和决策的依据。整个价值工程以提高价值为主要目的，价值工程的每一步活动都有自己的目标，为实现目标所采取的行动或决策都离不开信息资料，收集的资料越全面越有价值，确定出好的方案的可能性也就越大。因为通过信息可以进行有关问题的分析对比，而通过对比往往使人受到启发，打开思路；发现问题和找出差距；找到解决问题的方向、方针和方法；从信息中找到提高价值的依据和标准。因此，在一定意义上可以说价值工程成果的大小取决于信息搜集的质量高低、数量多少与时间长短。

搜集信息内容应包括产品研制、生产、流通、交换、消费全过程中的有关资料。信息搜集之后还需要进行整理，并对信息要加以分析。需要的信息是多方面的，大致可分为以下几类。

1) 用户要求方面的信息

(1) 用户使用产品的目的、使用环境和使用条件。

(2) 用户对产品性能方面的要求。

① 对产品使用功能方面的要求。如电机的功率，汽车的载重量，手表的走时精度等。

② 对产品可靠性、安全性、操作性、保养维护性及寿命的要求。这一类信息包括产品过去使用中的故障、事故情况与问题。

③ 对产品外观方面的要求。如造型、体积、色彩等。

(3) 用户对产品价格、交货期限、配件供应、技术服务方面的要求。

2) 销售方面的信息

(1) 产品产销数量的变化。目前产销情况与市场需求量的预测。

(2) 产品竞争的情况。目前有哪些竞争的厂家和竞争的产品？其产量、质量、销售、成本、利润情况；同类企业和同类产品的发展计划，拟增加的投资额、重新布点、扩建改建或合并调整的情况。

3) 科学技术方面的信息

(1) 现产品的研制、设计历史和演变。

(2) 本企业产品和国内外同类产品的有关技术资料，如图纸、说明书、技术标准、质量调查等。

(3) 有关新结构、新工艺、新材料、新技术、标准化和三废处理方面的科技资料。
4) 制造和供应方面的信息
(1) 产品加工方面的信息。生产批量、生产能力、加工方法、工艺装备、检验方法、废次品率、厂内运输方式、包装方法等情况。
(2) 原材料及外购件种类、质量、数量、价格、材料利用率等情况。
(3) 供应与协作单位的布局、生产经营情况、技术水平与成本、利润、价格情况。
(4) 厂外运输方式及运输经营情况。
5) 成本方面的信息
产品及零部件的定额成本、工时定额、材料消耗定额、各种费用定额、材料、配件、半成品价格及厂内劳务的厂内计划价格等。
6) 政府和社会有关部门法规、条例等方面的信息
搜集信息时要注意目的性、可靠性、实时性。搜集信息要事先明确目的,避免无的放矢。要力争无遗漏又无浪费地搜集必要的信息,信息是行动和决策的依据,错用了不可靠、不准确的信息不仅达不到预期的效果,还可能导致价值工程的失败。

3. 功能分析

价值工程分析阶段的主要工作有功能定义、功能整理与功能评价。

1) 功能定义

功能定义是通过对产品及其各组成部分的逐一解剖而认识它们在产品中的具体效用,并用明确简练的语言给予结论上的表述。这一分解与表述的过程,就是功能定义。功能定义的过程,就是将实体结构向功能结构抽象化的过程,即透过现象看本质的过程。

在给功能下定义时,必须注意以下几点。

(1) 抓住功能本质

在给功能下定义时要围绕用户所要求的功能,对事物进行本质思考。只有这样,才能正确理解产品应具备的功能,才能抓住问题的本质。有些产品之所以给用户提供不必要的功能、过剩功能,或功能水平不能满足用户要求,或漏掉用户所需要的功能等,往往是由于设计者没有从用户的要求出发领悟产品应具备的功能。所以说,能否抓住问题的本质来准确描述功能定义,对价值工程活动的好坏与成败有着重大的影响。

(2) 表达准确简明

对于产品及其组成部分的功能定义的正确与否,直接关系到以后价值工程活动的成果。因此,必须定性准确。否则,以后在改进产品及组成部分的功能时,就会发生混乱现象。

(3) 尽可能定量化

尽可能使用能够测定数量的名词来定义功能,以便于在功能评价和方案创造过程中将功能数量化,利于价值工程活动中的定量分析。例如,吊车的功能,不能仅仅用"起吊重物"来描述其功能,还应该附上起重量、吊装半径、起吊高度等定量化的参数,以便将来方案创造时有准确的依据。

(4) 要考虑实现功能的制约条件

虽然功能定义是从对象的实体中抽象"功能"这一本质的活动,但在进行功能定义时,

不能忘记可靠地实现功能所应具备的制约条件。

在功能定义时,应该考虑的实现功能所需要的制约条件有:能承担对象是什么?实现功能的目的是什么?功能何时实现?功能在何处实现?实现功能的方式有哪些?功能实现的程度怎样?等等。

(5)注意功能定义表述的唯一性

在给功能下定义时,对研究对象及其构成要素所具有的功能要一项一项地明确,每一项功能只能有一个定义。若一个构成要素有几项功能,就要分别逐项下定义。

2)功能整理

产品的结构间、功能间都有着复杂的联系。因此,仅仅把产品的功能定义出来是不够的,价值工程还要求在大量的功能定义基础上进行功能整理。所谓功能整理,就是在功能定义的基础上,按照功能之间的逻辑关系,把产品构成要素的功能按照一定的关系进行系统的整理与排列,然后绘制功能系统图,以便从局部与整体的相互关系上把握问题,从而达到掌握必要功能和发现不必要功能的目的,并提出改进的办法。

功能整理就是用系统的观点将已经定义了的功能加以系统化,找出各局部功能相互之间的逻辑关系,并用图表形式表达(见图 7-4),以明确产品的功能系统,从而为功能评价和方案构思提供依据。

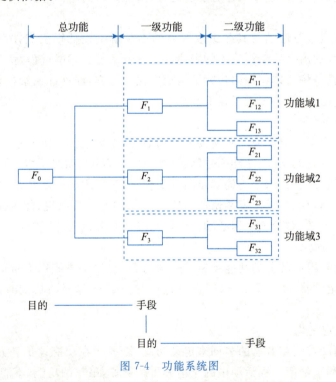

图 7-4 功能系统图

在图 7-4 中,每一分枝形成一级。F_0 为一级功能,F_1、F_2、F_3 为二级功能,F_{11}、F_{12}、…、F_{32} 为三级功能。某功能和它的分枝全体形成功能域,例如 F_2 和 F_{21}、F_{22}、F_{23} 是一个功能域。同一功能域中的级别用位表示,高一级功能称为"上位",低一级功能称为

"下位",同级功能称为"同位"。F_2 是 F_{21}、F_{22}、F_{23} 的上位功能,F_{21}、F_{22}、F_{23} 之间则是同位关系。功能整理采取的逻辑是"目的—手段"。上位功能(目的功能)是目的,下位功能(手段功能)是手段。由此可见,功能整理的主要任务是建立功能系统图。如图 7-5 所示为建筑屋顶的功能系统图。

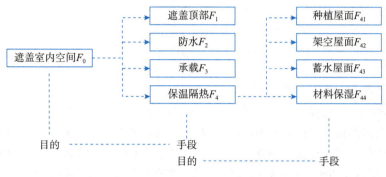

图 7-5 建筑屋顶的功能系统图

经过功能定义与整理后明确了价值工程对象所具有的功能,接下来要定量确定功能的目标成本是多少?功能的现实成本是多少?改进目标是多少?这些问题都要通过功能评价来解决。

3) 功能评价

通过功能定义和功能整理,剔除了一些不必要的功能,明确了用户所要求的功能,仅仅是定性地解决了"需要哪些工程"的问题。而要有效地开展价值工程活动,还必须解决"实现功能的成本是多少?"和"价值是多少?"的问题,即通过对功能进行定量的分析,确定重点改善的功能,这才是功能评价所要解决的问题。

功能评价是应用一定的科学方法,先求出功能现实成本,再进一步求出实现某种功能的最低成本(或称目标成本或称目前成本),目标成本与现实成本的比值即为功能价值。现实成本与目标成本的差值即为成本降低幅度,或称为成本改善期望值。

功能评价的基本程序如下。

第一步,计算功能成本的现实成本(目前成本)。

第二步,确定功能的评价值(目标成本)。

第三步,计算功能的价值(价值系数)。

第四步,计算成本改善期望值。

第五步,选择价值系数低、成本改善期望值大的功能作为重点改进对象。

功能评价的主要方法有功能成本法与功能指数法。下面主要介绍功能成本法。

(1) 功能成本法的应用步骤

功能成本法的应用步骤为:计算功能的现实成本 C;求出功能的目标成本 F;计算功能价值 $V=F/C$ 进行价值评价,计算成本改进期望值 $T=C-F$ 进行成本评价,并根据计算结果选择功能的改进对象。

功能评价的程序如图 7-6 所示。

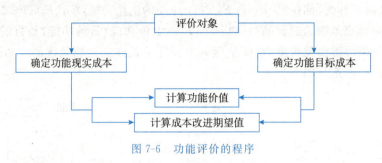

图 7-6 功能评价的程序

(2) 功能现实成本的计算

功能现实成本的计算与一般的成本核算既有共同点,也有不同之处。两者相同点是指它们在成本费用的构成项目上是相同的;两者的不同之处在于功能现实成本的计算是以对象的功能为单位,而传统的成本核算是以产品或零部件为单位。因此,在计算功能现实成本时,就需要根据传统的成本核算资料,将产品或零部件的现实成本转化为功能现实成本。

当一个零部件只具有一个功能时,该零部件的成本就是它本身的功能成本;当一项功能要由多个零部件共同实现时,该功能的成本就等于这些零部件的功能成本之和。当一个零部件具有多项功能或同时与多项功能有关时,就需要将零部件成本分摊给各项功能,至于分摊的方法和分摊比例,可根据具体情况决定。

【例 6-4】 某产品由 A、B、C、D、E 五个零部件组成,成本分别为 160 元、70 元、180 元、50 元和 40 元,共实现 $F_1 \sim F_5$ 五项功能,具体数据如表 7-7 所列。求各项功能的现实成本。

【解】 表 7-7 中的 A 零部件是用来实现 F_1、F_2、F_3 和 F_5 功能的,将 A 零部件的成本分配给其所实现的 4 项功能,分别为 50 元、60 元、20 元和 30 元。依此类推将 B、C、D、E 的成本分别分摊到各自实现的功能中,然后将各功能分配的成本合计起来,得到了各功能的现实成本。如 F_1 的现实成本为 100 元,F_2 的现实成本为 170 元。

表 7-7 某产品功能现实成本计算

零部件			功能(功能域)				
序号	名称	成本/元	F_1	F_2	F_3	F_4	F_5
1	A	160	50	60	20		30
2	B	70		20		50	
3	C	180	50	50	30	50	
4	D	50		40		10	
5	E	40					40
合计		C	C_1	C_2	C_3	C_4	C_5
		500	100	170	50	110	70

(3) 功能目标成本计算

功能目标成本是指可靠地实现用户要求功能的最低成本,可以根据图纸和定额确定,也可以根据国内外先进水平或根据市场竞争的价格等来确定。它可以理解为企业有把握,或者说应该达到的实现用户要求功能的最低成本。功能目标成本的计算方法有多种,这里只介绍功能评价值分配法。

功能评价值分配法是根据功能的重要性系数确定功能目标成本,其基本思路是:首先确定产品总目标成本,其次根据各功能的重要程度和复杂程度确定功能重要性系数,最后按功能重要性系数分配产品的总目标成本,从而求出各个功能的目标成本。可以看出功能评价值分配法的核心是确定产品总目标成本及功能重要性系数。

① 确定产品总目标成本。确定产品总目标成本时可以根据经验对初步构想的几个方案的成本进行估算,经分析比较,以其中最低成本作为产品总目标成本。应尽可能从更广泛的范围来构思方案,也可以同类产品中成本最低的作为产品总成本,或者依靠统计资料和数理统计知识进行预测。

② 计算功能重要性系数。功能重要性系数用来评价对象的某项功能在总功能中所占的比重。确定功能重要性系数的方法主要有环比评分法和强制评分法。

强制评分法是采用一定的评分规则,通过对比打分来计算功能重要性系数。它包括0-1两两对比评分法和0-4两两对比评分法。我们采用0-1两两对比评分法加以说明。

这种方法是请 5~15 个对产品熟悉的专家各自参加功能的评价,评价的基本步骤如下。

第一步:每个专家将两个功能按功能重要程度对比打分,功能重要的打 1 分,相对不重要的打 0 分,不允许两者同样重要而都打 1 分,或两者都不重要都打 0 分。现以例 7-1 中的 5 项功能 F_1、F_2、F_3、F_4 和 F_5 的功能重要性系数为例说明,表 7-8 是某一专家的打分表。

表 7-8 0-1 评分法打分表

功能名称	F_1	F_2	F_3	F_4	F_5	功能得分
F_1	×	1	1	0	1	3
F_2	0	×	1	0	1	2
F_3	0	0	×	1	0	1
F_4	1	1	0	×	1	3
F_5	0	0	1	0	×	1
合计						10

将各零件得分相加后得总分,根据上表可知 F_1 得 3 分,F_2 得 2 分。

第二步:计算每个功能平均得分值。平均得分值是将得分总数除以专家人数(假设共 5 名专家)。计算结果见表 7-9。

第三步:计算功能重要性系数。功能重要性系数是将零件所得平均得分值除以平均得分值总和。计算结果见表 7-9。功能重要性系数越大说明功能越重要。

表 7-9　0-1 评分法计算表

项目评价人员 功能名称	专家1	专家2	专家3	专家4	专家5	总得分	平均得分	功能重要性系数（平均得分/10）
F_1	3	4	4	4	4	19	3.8	0.38
F_2	2	3	3	2	3	13	2.6	0.26
F_3	1	1	0	1	2	5	1	0.1
F_4	3	2	3	3	1	12	2.4	0.24
F_5	1	0	0	0	0	1	0.2	0.02
合计	10	10	10	10	10	50	10	1.00

③ 功能目标成本的计算。对于老产品，在改进设计之前，已经有了产品和各个功能的现状成本，但成本的分配不一定合理，因此可利用功能重要性系数重新分配成本，从而确定功能评价值，具体可按表 7-10 所示进行（假设产品总目标成本为 500 元）。

表 7-10　老产品的功能评价值

功能	现实成本/元 ①	功能评价系数 ②	功能目标成本/元 ③＝②×500
F_1	100	0.38	190
F_2	170	0.26	130
F_3	50	0.1	50
F_4	110	0.24	120
F_5	70	0.02	10
合计	500	1.00	500

对新产品设计，产品的目标成本基本上已大致确定。因此，可将设定好的新产品目标成本按功能评价系数进行分配，求出各功能的目标成本。

④ 计算功能价值 V 及改进期望值 T。将评价对象的功能目标成本与功能的现实成本进行比较，求得评价对象的功能价值及成本改进期望值，见表 7-11。

表 7-11　功能价值及计算

功能或功能领域	功能现实成本 （C）/元	功能目标成本 （F）/元	功能价值 （$V=F/C$）/元	成本改进期望值 （$T=C-F$）/元	功能改进优先顺序
F_1	100	190	1.90	—	—
F_2	170	130	0.76	40	2
F_3	50	50	1.00	—	—
F_4	110	120	1.09	—	—
F_5	70	10	0.14	60	1
合计	500	500	—	100	—

根据上述计算公式,功能价值可能出现的结果如下。

a. $V=1$,表示功能与成本达到了合理匹配,一般无须改进。

b. $V<1$,此时成本对于所实现的功能来说偏高。一种可能是存在着过剩功能,另一种可能是功能虽无过剩,但实现功能的条件或方法不佳,致使实现功能的成本过高。这种情形一般应列入改进范围。

c. $V>1$,说明该功能比较重要,但分配的成本较少。这种情况应具体分析,若是成本偏低,使功能不足,则应作为改进对象,若确属以较低成本实现了必要功能,则一般不列入价值工程的改进范围。

⑤ 确定价值工程对象的改进范围。从以上分析可以看出,确定价值工程对象的改进范围,应综合考虑 V 偏离 1 的程度以及成本降低的幅度,优先选择 V 远小于 1,而且成本改进幅度大的功能。如表 7-11 所列,该产品功能改进应首先选择 F_1 和 F_2 功能。

以上①~⑤介绍的是功能评价值分配法的应用步骤,功能评价的另外一种方法——功能指数法,是将用来表示对象功能重要程度的功能指数与该对象的成本指数相比,得出该对象的价值指数,从而确定改进对象,并确定该对象的成本改进期望值的方法。

功能指数是研究对象在整体功能中所占比率的指数,可采用上述第③步中的功能重要性系数。

成本指数是指研究对象成本目前在全部成本中所占比例的指数。

价值指数(VI)表达式为

$$\text{VI} = \frac{\text{功能指数 FI}}{\text{成本指数 CI}} \tag{7-2}$$

最后对价值指数 VI 进行分析,与功能评价值分配法中的功能价值分析原则基本一致,具体应用见价值工程综合案例。

4. 方案创新与评价

价值工程活动能否取得成效,关键在于针对产品存在问题提出解决的方法,创造新方案,完成产品的改进。这是一个创造、突破、不断完善的过程。

1) 方案创新

方案创新要具备创新精神和创新能力。它以提高对象功能和降低成本为出发点,根据已建立的功能流程图和功能目标成本,运用创造性的思维方法,加工已获得的资料,在设计思想上产生质的飞跃,创造出实质效果好、经济效益高的新方案。因此,要注意养成积累知识、分析观察事物的习惯,要善于广泛联想。价值工程中常用的方案创新的方法有头脑风暴法(BS法)、德尔菲法(Delphi法)等。

(1) 头脑风暴法。头脑风暴法又称 BS 法、畅谈会法,是一种通过会议对产品改进方案或设计思想畅所欲言、集思广益的方法。具体做法是邀请 5~10 位专家和有经验的工程技术人员讨论。座谈时应注意以下的原则:不互相批评指责;自由奔放地思考;多提构思方案;结合别人的意见提出设想。其特点在于创造一种没有顾虑、各抒己见和广泛发表意见的气氛,通过提案人自由奔放、打破常规、创造性地思考问题,发现新的创见。

(2) 歌顿法。会议主持人对于所讨论的产品功能不作具体介绍,而是有意向大家提出一个抽象概念,以使与会人能够开阔思路,打破框架,不受原有事物的约束。最后会议主持者再公布具体的目的,作进一步的研究选择。

(3) 书面咨询法。通过信函方式,向专业人员和有关专家对某个问题征询各自的方案或意见,然后进行总结筛选。这是一种向专家作调查的方法,其特点在于它是一种背对背的方式,既能汇集专家的经验,又能解放思想,以保证被调查者不受权威或者他人的思想影响,自由发表意见,而且可以进行几个轮回的调查,当然调查的周期往往比较长。

(4) 检查提问法。检查提问法是一种刺激方案构思的方法。在进行方案创造时,漫无边际地寻找方案,往往提不出成形的或具体的构思,如果围绕回答某一问题,往往容易有好的思路。检查提问法正是通过提问的方式,引导人们对方案加以改进并形成新的方案。

(5) 特性列举法。此种方法多用于新产品的设计。具体做法是把设计对象的要求一一列举出来,针对这些特性逐一研究实现的手段。例如,用此法分析自行车,可以列出自行车的用途有上学、送货、拖运、竞赛、游玩、旅游等,所列出的每一用途都可能导致产品的功能或用途的扩展甚至出现全新的产品。

(6) 缺点列举法。与特性列举法相类似,将要改进的方案存在的缺点一一列举出来,然后对这些缺点进行改进,为提高产品在市场上的竞争机会而创造条件。此种方法多用于老产品的改进设计。

(7) 希望点列举法。如果对要改进的对象提不出明显的缺点,也可以提出改进的希望,按照这些希望改进方案。这种方法不仅可以应用于老产品的改进,也可以应用于新产品的设计,把用户的要求作为希望详细列出,以便对这些希望的功能设计出新方案。

2) 方案评价

方案创新阶段所产生的大量方案需要进行评价和筛选,从中找出有实用价值的方案付诸实施。方案评价分为以下两个阶段,如图 7-7 所示。

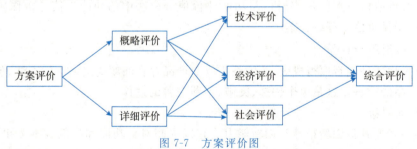

图 7-7 方案评价图

(1) 概略评价

概略评价是对创造出的方案从技术、经济和社会方面进行初步研究,其目的是在众多的方案中进行粗略的筛选,使精力集中于优秀方案,为详细评价作准备。

(2) 详细评价

详细评价是在掌握大量数据资料的基础上,对概略评价获得的少数方案进行详尽的技术评价、经济评价和社会评价,或将以上三个方面结合起来进行综合评价,为提案的编写和审批提供依据。技术评价是对方案功能的必要性及必要程度以及实施的可能性进行分析评价;经济评价是对方案实施所带来的经济效果进行分析;社会评价是对方案给国家和社会所带来的影响,如环境、生态、国民生产总值等方面进行分析评价。一般先作技术评价,然后分别作经济评价和社会评价,再作综合评价。其中,经济评价是最主要的部分。

5. 实施

通过综合评价选出的方案,送决策部门审批后便可实施,为了保证方案顺利实施,应做到四个落实。

1) 组织落实

要把具体的实施方案落实到职能部门和有关人员。

2) 经费落实

要把实施方案所需经费的来源和使用安排好。

3) 物质落实

要把实施方案所需物质、装备等落实好。

4) 时间落实

要把实施方案的起止时间及各阶段的时间妥善安排好。在方案实施过程中,应该对方案的实施情况进行检查,发现问题及时解决,方案实施完成后,要进行总结评价和验收。

7.2 价值工程在建设项目中的应用

7.2.1 价值工程在建设项目中的应用特点

价值工程是一种行之有效的科学方法,在建设项目设计、施工中得到越来越广泛的应用。建设项目产品的特殊性决定了建设项目应用价值工程的特点如下。

(1) 建筑产品与一般机械、化工、纺织工业产品不同,它为人们的生产或生活提供具有不同功能的空间。如住宅是由卧室、客厅、厨房、卫生间等不同的空间构成一种建筑产品,这些不同的空间都具有各自不同的功能。价值工程的任务,就是在设计与实施阶段,寻求用最低的总成本,实现建筑产品各部分及整体的功能。

(2) 建筑产品所需材料数量大、种类多,又因新型建材发展很快,这就出现了材料的选用问题。许多材料(如钢材、水泥、木材、塑料及各种装饰材料)都是可以互相代用的,若选择合理则可降低产品的总成本。各种建筑材料能否相互代替的关键,就在于它的总功能和总成本的对比情况。

(3) 建筑产品的生产活动常在露天进行,所需工种多,工作量大,交叉作业频繁,合理的施工组织可以提高工作效率,降低生产成本,这就需要运用价值工程对建设项目实施方案进行比选。

7.2.2 价值工程在建设项目各阶段的应用

一个建设项目一般包含决策阶段、规划设计阶段、实施阶段、竣工验收、投产使用及维护阶段。价值工程可应用于各阶段。

1. 价值工程在建设项目决策、规划设计阶段的应用

通常,建设项目的成本的 70%~80% 决定于决策、设计阶段,在决策、设计阶段开展价值工程活动,就能在新产品投产前确定产品合理结构、工艺、材料、外协、生产组织、经营管理等,使研究对象的功能和成本优化,从而提高价值。若只在投产后进行价值分析,大幅度降低成本是比较困难的。

在决策和设计阶段应用价值工程应做到以下几点。

1)建立由不同专业人员组成的价值工程小组

在建设项目管理中实施价值工程的首要步骤就是成立价值工程小组。价值工程小组是价值工程的实施组织,需要对项目进行功能和成本分析,并针对分析结果提供创新方案,因此该团队应包括各方面、多种学科的人员,如价值工程师、业主、项目经理、财务人员、建筑师、结构工程师、设备工程师和工料测量师等,这样才能保证不同专业背景的成员从多方面对项目方案进行分析评价和创新。经验表明人数以不超过 8 人为宜。人员必须对价值工程的思想方法和管理技巧有透彻的理解,按照价值工程的技术规范和标准程序进行研究,最好选择曾经从事类似项目价值工程的人员。价值工程小组应对项目管理的全过程进行跟进,从需求识别直到项目竣工,人员应尽量保持固定不变,需要时可以适当增减,以保证小组人员对项目情况了解的连续性以及成员之间配合的协调性。

2)以使用者的真实需求作为项目的真正功能目标

使用者在任务说明书或合同中所表述的需求也许并不是或不完全是客户的真实需求,从实质上说,使用者所需要的也不是产品本身,而是产品所具有的功能,产品只是传递功能的载体。这就需要价值工程小组成员经过认真调查和分析,准确地把握客户的需求,确定项目所要达到的真正功能目标。这一点至关重要,如果客户需求把握不准确,将影响到功能分析和评价的效果,在项目后期还会导致返工、延工或者增加工程量,严重损害项目的经济效益。因此,价值工程小组应综合地考虑项目的所有方面:功能外观、结构、设备、财务等如何更好地相互协调。

3)以全寿命周期成本为导向,寻求最佳的功能成本组合

全寿命周期成本是项目从设计到建造、使用、维护等寿命周期内的所有成本,同时考虑资金的时间价值,用现值计算。设计人员不能只重视先期一次性投入成本而忽视后期的使用和维护成本,这样往往造成先期投入成本小而后期实际发生的成本大。建设项目本身是一个错综复杂的体系,各单元和环节之间的联系非常密切。因此,无论价值工程的对象是工程、产品、作业还是材料设备,在进行功能成本分析时,既要考虑直接成本,也要考虑间接成本,既要计算显性成本,也要计算隐性成本。同时,价值工程小组在进行功能成本分析时,应运用系统综合方法,对各单项工程功能及功能之间相互关系进行研究,对系统功能与投资费用进行研究,力争寻找到一种较优的组合,从而使建设项目的结构达到优化,创造出既满足经济适用又做到功能合理的结果。

4)谨慎选择价值工程活动对象,提高价值工程投资效益

建设项目是一个复杂的系统,一些大型工程更是如此,包括众多的分部、分项工程,涉及成百上千的工序。而开展价值工程活动的时间、成本和人力都是有限的,因此建设项目的复杂性和价值工程资源的有限性决定了不能对建设项目中的每个活动、每道工序都运

用价值工程。在决策和设计阶段应用价值工程要抓住事物的主要矛盾,即把那些投资比重大、对项目影响深远、有改进空间和能够产生潜在收益的部分作为价值工程的研究对象。在价值工程活动中,最忌讳研究对象模糊,没有找准重点的研究对象,在不必要或者没有潜在收益的部分花费了大量的时间和精力。这样不仅导致资源的浪费,还对整个项目工期造成影响,并且会降低以后进行价值工程研究的信心。同时,由于各分部分项工程之间的密切关系,其中一个分部分项工程的改进和提高会影响到其他的分部分项工程,从而产生连锁反应,最终整个建设项目的功能得到提高,价值得到增加。

5) 以功能为导向进行方案创造,充分发挥人类的创造性思维

价值工程从其诞生以来,就以其独特的研究方式而有别于其他的技术管理方法。它对问题的研究是动态的,而不是孤立的、静止的,更不是一成不变的。从追求功能与成本的动态平衡,实现价值的提高这一目标出发,最本质的内涵是其永无止境的创新思维。价值工程正是通过功能分析,找出研究对象的真正功能作用,运用人的创造性思维技巧,创造出实现这种功能的最佳结构方案,这是一种从具体到抽象,再由抽象到具体的工作过程。这一过程的最终目的是在保证功能要求的前提下,达到经济、技术的最佳结合。因此,在实际的建设项目应用中,必须对方案创造引起足够的重视。在方案创造中要敢于放开思想,不受原设计和惯例的束缚,完全根据功能定义来设想实现功能的手段,要从各种不同角度来设想;要组织指导专业设计人员参加这一工作,发挥集体的力量;把不同的想法集中,充分考虑各种设想的利弊,综合确定新的方案,并逐步使其完善。同时,价值工程开展活动的方式不同,有简有繁,方案创造的数量要根据具体项目的大小,人力、财力的多少,时间的长短等因素酌情而定。

2. 价值工程在建设项目实施阶段中的应用

建设项目实施阶段的主要工作为施工,而工程施工是建筑施工企业应用各种施工技术,通过精心组织将工程产品由蓝图变成工程实体,形成固定资产的生产过程,并在这一过程中实现用户功能要求以及施工企业的利润等目标追求。而价值工程作为一种技术与经济相结合的方法在施工阶段的各项活动中均可以发挥很大的效能,为建设项目节约成本、增加利润、优化管理、促进技术进步等创造有利的条件。在施工阶段应用价值工程不同于在决策和设计阶段应用价值工程,重点不在于考虑如何实现这个功能,而在于考虑怎样实现设计人员已经设计好的项目方案。

从"按图施工"的要求出发,相对于设计而言,施工处于被动的地位。但是任何优秀的设计都不能保证完美无缺。由于建设项目的平面和空间组合复杂,设计图纸的表现力有时存在一定的局限性,加之设计人员知识和经验的限制或工作疏忽,都会导致设计图纸和其他文件中存在一些错误或缺陷,以致到施工阶段才发现。从这个意义来看,施工阶段的价值工程可以反作用于设计,可以在正式施工之前发现设计中存在的问题,从而能够及时地修改或完善设计,以避免或减少由于设计失误而造成的损失。这也意味着施工阶段的价值工程提高了设计的水平和质量,也就提高了建设项目的功能和价值。

在施工阶段,在保证施工质量、保证实现设计所规定的功能的前提下,仍然存在着降低物化劳动和活劳动消耗的可能性,在提高资本生产率和劳动生产率方面有很大的潜力。这是因为建设项目生产周期长,中间环节多,消耗的材料品种数量均很多,使用各种不同

的设备,有许多种不同的施工组织方案,其经济效果也有明显差异。因此,通过对不同施工方案的技术经济分析和评价,就可以选择出最佳的施工方案,提高生产效率。

在项目施工阶段价值工程公式 $V=F/C$ 中,V 为项目施工阶段的价值;F 为设计要求的建设项目的功能和质量;C 为建设项目的施工成本。

其中功能要素有结构牢靠、造型美观、平整光洁、隔热防水等指标。成本要素包括人工费、材料费、机械使用费、施工管理费、利润及其他费用等,这些费用的总和构成项目施工总成本。

为此,应做到以下几个方面的要求。

(1) 充分做好调查研究和情报收集工作。具体来说包括以下几点。

① 实地勘察,了解现场情况。现场情况包括现场障碍物情况,地基的土层情况,运输条件,水源电源的确切位置,附近工厂、居民区对施工的影响和要求等。

② 认真熟悉和会审各种设计图纸、施工文件,明确项目的功能和各项设计指标,以及有关的施工要求、工期限制和费用预算等。

③ 深入调查,掌握其他企业先进的施工方法和成功的施工经验。不但要研究国内企业类似项目的经验,更要探索国外企业曾经采用过的施工手段。

④ 详细评估本企业的施工能力和技术水平,看是否能够满足现行项目的施工要求,如果不能,评估需要补充哪些方面的能力。

(2) 仔细分析建设项目的特点,围绕着项目的功能和指标要求,合理制订施工方案。首先,每个建设项目都有其各自的特点,因此针对每个建设项目都要合理设定其功能评价指标,这是进行价值工程活动的重要前提。其次,在保证达到功能指标要求的前提下,尽可能采用工期短、费用少的施工方案。在价值工程活动中,要敢于质疑多年形成的施工程序和方法,敢于探索先进的施工方案,并提出改进计划。充分发挥工程技术和经济管理人员的聪明才智,创造更多更好的施工方案,从中进行比较评价,选择最优方案进行施工。

(3) 从建设项目的功能要求出发,合理分配资源。建设项目施工中的资源包括人员、施工设备和材料等。分配资源应以满足建设项目功能要求为原则。应用功能分析的原理和方法,以功能系统图的形式揭示施工内容,采取剔除、合并、简化等措施使功能系统图合理化,并结合具体施工方式,依据有关定额指标估算完成各项必要功能的工程量,相应地组织材料供应、配备设备、工具,安排人员施工。

(4) 在施工阶段应用价值工程,应尽量采用新的科技成果,应用新材料、新技术、新结构和新标准,使得能够在成本费用不变甚至降低的情况下,尽可能圆满地实现设计文件、设计图纸要求达到的功能水平,或者在成本轻微增加的情况下实现功能的大幅提升。

3. 价值工程在建设项目竣工验收阶段的应用

工程验收最终确认工程质量是否达到设计要求以及达到什么样的程度,是对建设项目的决策、设计、招标、施工等阶段工作的综合检查和评定。建设工程验收包括建设项目总验收、单位工程竣工验收、单项工程验收、分部工程验收及工序验收等。

建设项目竣工验收中开展价值工程的目的是以尽量少的投入费用获得对所验收工程质量达到设计要求程度的全面了解与正确把握。投入费用越少,对工程质量了解得越全面,把握得越正确,开展价值工程效果越好,价值系数越高。因此在项目验收中开展价值工程就是寻求最省最好的方法来检查工程质量和功能的过程。

验收是根据设计要求对建设项目的性能、质量进行全面检查、考核的重要步骤,虽然持续时间较短,任务也相对较轻,但却是至关重要的阶段。从开展价值工程活动角度出发,验收时不仅要注意工程是否达到了设计的要求,而且要分析工程的功能与成本是否处于合理的结构状态,价值是否提高了,哪些环节做得较好,哪些环节还有改进的余地,还有潜力可挖,对一些薄弱的环节进行分析研究,采取措施达到提高价值的目的,为开展新项目积累经验。

在建设项目验收过程中价值工程的应用仍然遵循以下公式的基本思想:

$$V = F/C$$

式中:V——建设项目验收过程中的价值;

F——对设计及业主要求的质量和功能实现程度的了解和把握程度,即功能要素;

C——工程检查验收费用,即成本要素。

建设项目验收过程中的功能要素具体包括:观感检查,全面检查建设项目的外观质量及使用功能,如工程是否有不均匀沉降、油漆质量好坏等;保证资料核查,检查反映建设工程使用功能和结构安全的各种技术材料是否齐全、合格;测量检查,检查建设项目的各种测量数据偏差是否在规范要求的允许偏差范围内。

建设项目验收过程中的成本要素具体包括:投入检查验收人员的工资;投入检查验收的工器具及设备费用;投入检查验收的材料费用;其他有关费用。

4. 价值工程在建设项目投产使用及维护阶段的应用

建设项目竣工验收后,虽然通过了交工前的各种检验,但仍可能存在质量问题或隐患,直到使用过程中才能逐步暴露出来,如屋面是否漏雨,建筑物、构筑物基础是否产生超过标准规定的不均匀沉降,均需要在使用过程中检查和观测。建设项目产品在使用过程中,随着时间的推移,其使用功能将逐渐衰减,构件、配件将老化、锈蚀等。需要经常检查维修,以使产品功能降低速度减慢,保持使用功能要求。为了使项目达到最佳使用状态、降低生产运行费用、发挥最大的经济效益,应在建设项目使用过程中认真做好保修、维修和改造工作,加强项目保修维修的投资控制。此时开展价值工程的目的就是探究如何用最少的费用达到或保持产品的必要功能,以实现价值不变。

案例分析　　价值工程训练

参考文献

[1] 张厚钧. 工程经济学[M]. 北京:北京大学出版社,2009.
[2] 郭伟. 工程经济学[M]. 2版. 北京:化学工业出版社,2010.
[3] 时思,邢彦茹,等. 工程经济学[M]. 北京:科学出版社,2011.
[4] 王永祥,陈进. 工程经济分析[M]. 北京:北京理工大学出版社,2012.
[5] 郭献芳. 工程经济分析[M]. 北京:化学工业出版社,2008.
[6] 国家发展改革委员会,建设部. 建设项目可行性研究指南(试用版)[M]. 北京:中国计划出版社,2006.
[7] 蒋景楠,佘金凤. 工程经济理论与实务[M]. 上海:华东理工大学大学出版社,2008.
[8] 马竹青. 水利工程经济[M]. 郑州:黄河水利出版社,2008.
[9] 冯为民,付晓灵. 工程经济学[M]. 北京:北京大学出版社,2006.
[10] 洪军,阳兆祥. 工程经济学[M]. 北京:高等教育出版社,2004.
[11] 李相然. 工程经济学[M]. 北京:中国建筑工业出版社,2005.
[12] 全国一级建造是执业资格考试用书编委会. 建设工程经济[M]. 北京:中国建筑工业出版社,2004.
[13] 张勤,张建高. 水工程经济[M]. 北京:中国建筑工业出版社,2002.
[14] 邵颖红,黄渝祥. 工程经济学概论[M]. 北京:电子工业出版社,2003.
[15] 何增勤. 工程造价案例分析[M]. 北京:中国计划出版社,2006.
[16] 肖桃李. 工程造价案例分析[M]. 北京:机械工业出版社,2004.
[17] 王艳丽,李长花,等. 工程经济学[M]. 2版. 武汉:武汉大学出版社,2021.
[18] 许婷华,曲成平,等. 建设工程经济[M]. 2版. 武汉:武汉大学出版社,2017.